UMBERTO ECO

Le Signe

Histoire et analyse d'un concept

ADAPTÉ DE L'ITALIEN PAR JEAN-MARIE KLINKENBERG

ÉDITIONS LABOR

L'édition originale de cet ouvrage a paru sous le titre *Segno* chez Isedi, Milan, 1973.

Avertissement du traducteur

Ni ce livre ni son auteur ne demandent à être présentés au public. Le premier l'est assez bien par une préface où la modestie du second fait peut-être insuffisamment apparaître que le texte aujourd'hui offert au troisième doit être considéré comme une œuvre originale, et non comme la traduction d'un livre préexistant.

Il reviendra aux critiques, aux sémioticiens, aux curieux, de dire le rôle que ce livre peut jouer dans leur savoir et dans leur plaisir. Mais qu'il soit permis au premier lecteur de dire qu'il voit dans *Le Signe* un des meilleurs manuels de sémiotique en langue française. L'affirmation pourra paraître blessante: la recherche francophone n'a pas été avare en livres maniables ou en travaux de synthèse sur la matière. A bien y regarder, cependant, le choix se circonscrit entre deux types d'ouvrages: d'une part, des encyclopédies, où les thèses sont correctement présentées, mais où l'œcuménisme encourage parfois aux synthèses spécieuses; de l'autre, des traités et des précis plus homogènes mais qui, élaborés dans le cadre de telle ou telle école, ne font entendre qu'un son de cloche. Une troisième voie est ouverte par *Le Signe:* celle où le savoir épouse la passion, par une élection raisonnée.

Il est d'usage que le traducteur se paie en s'interposant furtivement entre le livre et le public ; il raconte ses petites misères, et exhibe certaines des astuces auxquelles il a dû recourir. Le jeu est évidemment d'autant moins glorieux que la langue-cible est — comme ici — proche de la langue de départ. Je me permettrai de reléguer ces rares confidences dans quelques notes en bas de page.

Le seul « avertissement » que je donnerai au lecteur concerne la bibliographie, mise à jour au même titre (et dans les mêmes proportions) que le texte. Dans les premières pages du *Nom de la rose,* celui qui offre au public les aventures d'Adso de Melk daube sur le manque de fiabilité des références fournies par les universitaires français. Francophone (enfin, le lecteur en jugera), mais nourri en dehors du pré carré, et formé à l'école philologique, j'ai essayé de ne pas tomber sous le coup de la remarque. Le premier *Segno* comportait non une liste de références, mais un guide bibliographique présentant, outre les titres cités dans le texte, un choix commenté de lectures. Le monde de la sémiologie ayant depuis lors bien changé, l'auteur n'a pas jugé bon que l'on reprenne les notes d'orientation qu'il proposait. Une autre modification s'imposait encore : le souci pédagogique manifesté dans *Segno* avait fait donner la préférence à des titres accessibles en italien. Leur référence, quand il s'agissait d'ouvrages généraux ou didactiques, n'avait plus lieu de figurer ici. Lorsqu'il s'agissait de traductions, nous nous sommes non seulement efforcés de remonter aux originaux, mais encore de fournir la version française, lorsqu'il en existait une, même partielle. Quand la chose a été possible, ce sont ces traductions que je cite dans le texte. Au cours de cette recherche, j'ai bien dû constater que l'art de la traduction semble moins répandu sous nos cieux qu'en Italie. Ce qui explique le nombre de références étrangères — anglaises ou autres — que le lecteur rencontrera à la fin de l'ouvrage.

Traduire, c'est sans doute lire de la manière la plus approfondie qui soit. Et si Baudelaire résolut de faire « de sa volupté une connaissance », la connaissance par la lecture peut se faire volupté. Autant que pour l'aimable complicité qu'Umberto Eco m'a témoignée au long de nos échanges et l'acuité des remarques venant de ce redoutable connaisseur du français (traduire les *Exercices de style* de Queneau doit bien être un tour de force...), c'est pour ce plaisir-là que je remercie l'auteur. Ma gratitude va aussi à G. Silingardi, J. Dubois, D. Giovannangeli, G. Pinsar, pour leurs petits ou gros coups de main.

J.-M. K.

Préface à l'édition française

La version italienne de ce livre a été rédigée en 1972. Depuis lors sont venus un *Traité de sémiotique générale* (1975), *Lector in fabula* (1979) et *Sémiotique et philosophie du langage (1984).* La première version du *Signe* était faite de quatre chapitres où je passais en revue les diverses théories du signe, et d'un chapitre de conclusion, où j'esquissais une théorie sémiotique générale. Cette conclusion est désormais dépassée par mes autres ouvrages.

Cependant, nombre d'amis et de collègues m'ont encouragé à laisser traduire le livre, arguant qu'il aurait encore quelque utilité comme introduction aux problèmes de la sémiotique. J'ai dès lors apporté de nombreuses modifications au texte, et y ai ajouté certains développements. La matière du livre que le lecteur a en main est ainsi, au moins à quarante pour cent, différente de celle de l'ouvrage original.

Je voudrais insister sur trois aspects de l'ouvrage. (1) Il porte sur le concept de signe, et non sur la totalité des thèmes actuellement abordés par la recherche sémiotique. (2) On n'y trouvera pas la formulation d'*une* théorie, mais bien un panorama des différentes théories du signe. Il ne prétend fournir ni conclusions définitives ni perspectives théoriques originales, mais bien des informations, ainsi que l'énoncé de certains problèmes (dont tous ne sont pas résolus). J'ai parfois mis une certaine insistance dans la mise en évidence des questions encore ouvertes et des réponses qu'on tentait de leur apporter. (3) Le livre part du principe que le concept de signe ne concerne pas la seule linguistique, ni même les autres sémiotiques particulières, mais traverse toute l'histoire de la pensée philosophique. Ceci explique que l'exposé néglige nombre de problèmes aujourd'hui débattus dans le domaine linguistique (ainsi par exemple de la grammaire générative transformationnelle), et toutes les questions relevant des sémiotiques du discours et du texte (présuppositions, règles conversationnelles, actes de langage, structures narratives, sémiotique de la littérature et des autres arts, etc.). Le présent développement se centre sur la notion de signe et sur les problèmes philosophiques qu'elle pose.

Je crois cependant que c'est de ce concept que doivent partir tous les autres discours. J'espère donc que ce livre sera utile à qui s'approche — peut-être pour la première fois — du problème sémiotique à son plus haut niveau de complexité.

Umberto Eco,
Bologne, 1987.

Avant-propos

Les paroles seules comptent.
Le reste est bavardage.
IONESCO.

I. Supposons que M. Sigma, citoyen italien en voyage à Paris, se mette à ressentir un « mal de ventre ». J'ai utilisé un terme très général, parce que M. Sigma n'éprouve encore qu'une sensation confuse. A présent, il se concentre pour définir le malaise : brûlures d'estomac ? spasmes ? coliques ? Il tente de donner un nom à des stimuli imprécis : en les dénommant, il les culturalise ; c'est-à-dire qu'il range ce qui jusque-là n'était qu'un ensemble de phénomènes naturels sous des rubriques précises et « codifiées ». Il cherche par là à coller sur son expérience personnelle une étiquette qui la rende comparable à d'autres expériences auxquelles les livres de médecine ou les articles de journaux ont déjà donné un nom.

A présent, il a trouvé un mot qui lui semble adéquat ; ce mot *représente* — est « là pour » — le dérangement qu'il ressent. Son intention étant de communiquer ses désagréments à un médecin, il sait qu'il pourra utiliser le mot (que le médecin est en mesure de comprendre) à la place de son trouble gastrique (que le praticien ne ressent pas, et n'a peut-être jamais ressenti de sa vie).

Tout un chacun serait d'accord pour dire que le mot ainsi identifié par Sigma est un *signe*. Mais notre problème est plus complexe encore...

M. Sigma décide de demander un rendez-vous à un médecin. Il consulte le bottin téléphonique de la région parisienne : des signes graphiques précis lui indiquent qui est médecin et comment atteindre la personne choisie.

Il sort et cherche des yeux un type d'enseigne qu'il connaît bien : il entre dans un bar. S'il s'était agi d'un café italien, il aurait recherché un coin proche de la caisse, où se serait trouvé un téléphone de couleur métallisée. Mais il est dans un bar français, et ce sont d'autres règles interprétatives de l'environnement qu'il trouve à sa disposition : il cherche un escalier descendant vers le sous-sol. Là, il le sait, dans tout bar parisien qui se respecte, se cachent les toilettes et le téléphone. L'environnement se présente donc à lui comme un système de signes permettant l'orientation, et qui, dans ce cas-ci, lui indiquent où il pourra tenir sa conversation téléphonique.

Sigma descend et se trouve face à trois cabines du genre étroit. Un autre système de règles lui indique comment user d'un des jetons qu'il a en poche (il en a plusieurs, et tous ne sont pas adaptés à ce type d'appareil : il doit donc *lire* le jeton x comme « jeton adapté au téléphone de type y »). Finalement, un signal sonore lui indique que la ligne est libre. Ce signal est différent de celui qu'il entendrait en Italie, et il lui faut donc être en possession d'une autre règle pour le « décoder » : ce bourdonnement représente l'équivalent de l'expression verbale « ligne occupée ». Il a maintenant devant lui un disque portant des chiffres et des lettres : il sait que le médecin qu'il désire atteindre correspond à l'expression DAN 0019[1]. Cette séquence de lettres et de chiffres correspond au nom du médecin, ou signifie « maison une telle d'un tel ». Mais introduire l'index dans les trous du disque et le faire pivoter en suivant la séquence désirée de chiffres et de lettres revêt encore une autre signification : cet acte veut dire que le médecin sera averti du fait que Sigma l'appelle. Il s'agit là de deux ordres de choses distincts : je puis très bien prendre note d'un numéro de téléphone, savoir à qui il correspond, et ne jamais appeler cette personne, mais je puis aussi former un indicatif au hasard, en ignorant à quel abonné il correspond, et savoir que, ce faisant, j'appelle bien quelqu'un...

Cet indicatif répond à un code très élaboré : les lettres, par exemple, désignent un secteur particulier de la ville ; mais elles correspondent à leur tour à des chiffres : si nous appelions le même poste parisien à partir de l'étranger, de Milan par exemple, il nous faudrait traduire DAN en une expression chiffrée correspondante, car le téléphone italien obéit à un autre code.

Revenons à Sigma qui forme son numéro : un nouveau son lui dit que le poste appelé est libre. Enfin, il entend une voix : cette voix parle le français, qui n'est pas la langue de Sigma. Pour solliciter le rendez-vous (et, plus tard, pour expliquer ses sensations au médecin), Sigma doit passer d'un code à l'autre, et traduire en français ce qu'il pense en italien. Grâce à quoi le médecin lui donne un rendez-vous, et une adresse. Cette adresse est un signe qui renvoie à une position précise dans la ville, à un étage précis dans un bâtiment, à une porte précise de cet étage ; le rendez-vous se fonde, lui,

---

1. Le voyage de M. Sigma appartient déjà au passé de l'histoire des télécommunications françaises : les numéros avec lettres ont bel et bien disparu et le nombre de chiffres a gonflé (n.d.t.).

sur la possibilité qu'ont les deux partenaires de se reporter à un système de signes d'usage universel : le cadran de l'horloge.

Passons sur les opérations auxquelles Sigma doit recourir pour reconnaître un taxi, sur les signes qu'il doit communiquer au chauffeur, sur la façon dont ce chauffeur interprète les signaux routiers (les sens interdits, les feux rouges, les interdictions de tourner à droite ou à gauche), compare les indications qui lui sont données verbalement et celles qu'il reçoit des panneaux directionnels ; sur les opérations qu'effectue Sigma pour reconnaître l'ascenseur dans le bâtiment, identifier le bouton correspondant à l'étage, le presser pour obtenir la translation verticale désirée, et enfin reconnaître l'appartement du médecin grâce à la plaque apposée sur la porte. Sigma doit aussi distinguer, entre les deux boutons voisins de cette porte, celui qui correspond au timbre et celui qui commande l'éclairage de la cage d'escalier : on peut les reconnaître à des détails comme leur forme, leur position plus ou moins proche de la porte ou grâce à un dessin schématique gravé dans le poussoir (clochette dans un cas, ampoule dans l'autre)... En somme, pour enfin approcher le médecin, Sigma doit avoir la connaissance d'une foule de règles qui font correspondre une forme donnée à une fonction donnée, ou des signes graphiques donnés à des entités données...

Finalement, voici notre héros assis devant le médecin, à qui il tente d'expliquer ce dont il s'est rendu compte ce matin-là : « J'ai mal au ventre[1] ».

Le médecin comprend certes ces mots, mais ne s'y fie aucunement. Il n'a aucune certitude que Sigma a désigné sa sensation précise en termes adéquats. Il l'interroge et, dans l'échange verbal qui s'ensuit, Sigma

1. En français dans le texte (n.d.t.).

est amené à préciser le type de douleur qu'il ressent, et son siège exact. Le médecin palpe à présent l'estomac et le foie de Sigma : certaines expériences tactiles ont pour lui une signification qu'elles n'ont pas pour d'autres (n'a-t-il pas étudié des livres qui lui ont expliqué qu'à telle expérience tactile devrait correspondre telle altération organique ?). Il interprète les sensations de Sigma (sensations qu'il n'éprouve pas lui-même) et les compare à ses propres sensations tactiles. Si ses codes de *sémiologie médicale* sont exacts, les deux types de sensations devraient correspondre. Mais les sensations de Sigma lui parviennent par l'intermédiaire des sons de la langue française. Le médecin doit dès lors établir si les mots qui se manifestent sous la forme sonore sont conformes aux sensations éprouvées, au regard de l'usage linguistique. Mais il nourrit des doutes à cet égard : Sigma peut user de termes imprécis. Non que ses sensations soient imprécises. Mais le patient peut mal traduire l'italien en français : il dit « ventre », mais il veut peut-être dire « foie » (d'ailleurs, il se pourrait que Sigma soit un inculte pour qui, même en italien, foie et ventre représentent une seule entité indifférenciée).

Le médecin regarde à présent les paumes de Sigma : on y voit des taches rouges, irrégulières. « Mauvais signe », murmure-t-il. « Vous ne buvez pas un peu trop ? ». Sigma l'admet : « Comment le savez-vous ? ». Question ingénue : le médecin peut interpréter certains symptômes comme s'ils étaient des signes éminemment éloquents (il sait ce qui correspond à un certain type de taches et de gonflements). Mais en fait, il ne le sait pas avec une absolue exactitude : à travers les propos de Sigma et ses propres expériences tactiles et visuelles, il a identifié certains symptômes et les a définis en termes scientifiques conformes à ce qu'il a étudié à l'université ; mais il sait aussi qu'à un même ensemble de symptômes peuvent correspondre diverses affections, et vice versa.

Il doit maintenant passer du symptôme à la maladie dont il est le signe. Cela, c'est son affaire. Espérons qu'il ne devra pas, en outre, faire une radiographie, car en ce cas, il devrait passer des signes graphico-photographiques au symptôme qu'ils représentent, et du symptôme à l'altération organique. Il ne travaillerait dès lors plus sur un seul système de conventions sémiotiques, mais sur plusieurs. Difficultés qui facilitent l'erreur de diagnostic...

De cela, nous ne nous préoccuperons pas. Nous pouvons abandonner Sigma à son destin, que nous lui souhaitons propice : s'il réussit à lire l'ordonnance que le médecin lui remettra (ce qui pourrait être malaisé : l'écriture en usage dans la corporation pose des problèmes de déchiffrement qui ne sont pas minces), peut-être se remettra-t-il d'aplomb et pourra-t-il profiter de ses vacances parisiennes.

Il se peut toutefois que Sigma soit un imprévoyant et un entêté et qu'à l'injonction : « Ou vous arrêtez de boire ou je décline toute responsabilité au sujet de votre foie », il réplique qu'il est préférable de jouir de la vie sans s'inquiéter de sa santé que d'être réduit à la condition d'un hypocondriaque pesant aliments et boissons sur une balance d'apothicaire. Dans ce cas, Sigma construirait une opposition entre Belle Vie et Santé qui n'est pas homologue à celle que l'on établit d'habitude entre Vie et Mort : la Vie, vécue sans soucis, avec son risque permanent qui est la Mort, lui apparaîtrait comme la même face d'une valeur de base, l'Insouciance, à quoi l'on opposerait d'un autre côté Santé et Souci, tous deux apparentés à l'Ennui. Sigma aurait donc un système d'idées propres (de la même manière qu'il en a en matière de politique ou d'esthétique) qui se présente comme une organisation particulière de valeurs ou de *contenus*. Dans la mesure où ces contenus se manifestent sous forme de concepts ou de catégories mentales, ils sont aussi des substituts, « utilisés pour » quelque chose d'autre : pour les décisions qu'ils impliquent, et les expériences qui les fondent. Selon certains, ces contenus se manifestent comme signes dans la vie personnelle et interpersonnelle de Sigma. Si la chose est exacte, nous en débattrons ; mais le fait est que beaucoup le pensent.

Mais pour l'instant, ce qu'il importe de souligner est qu'un individu normal, confronté à un problème aussi spontané et naturel qu'un banal « mal de ventre », est immédiatement forcé d'entrer dans un réseau de *systèmes de signes :* certains sont directement liés à la possibilité d'accomplir des opérations pratiques, d'autres relèvent plus directement d'attitudes que nous définirons comme « idéologiques ». Tous, en tout cas, sont fondamentaux au regard de l'interaction sociale, au point que l'on se demande si ce sont les signes qui permettent à Sigma de vivre en société ou si la société dans laquelle Sigma vit et se pose comme être humain n'est rien d'autre qu'un vaste et complexe *système de systèmes de signes.* Car enfin, y aurait-il eu pour Sigma une conscience rationnelle de son propre malaise, y aurait-il eu possibilité de le penser et de le classifier, si la société et la culture ne l'avaient pas humanisé comme animal capable d'élaborer et de communiquer des signes ?

Cependant, l'exemple auquel on a eu recours pourrait laisser croire que cette *invasion des signes* ne peut caractériser qu'une civilisation industrielle et ne se manifester qu'au cœur d'une ville rutilante de lumières et d'enseignes lumineuses, constellée de panneaux directionnels, pleine de sons et de signaux de tous types. En définitive, comme s'il n'y avait de signes que lorsqu'il y avait civilisation, au sens le plus banal du terme...

Non : même si M. Sigma était un cultivateur isolé du monde, il vivrait également dans un univers de signes. Il parcourrait la campagne au lever du jour et, au vu des nuages qui s'étiraient à l'horizon, il pourrait prédire le temps, la couleur des feuilles le rassurerait sur le déroulement de la saison et une série de stries sur le terrain qu'il verrait là-bas sur les collines lui dirait à quel type de culture cette terre est adaptée. Un bourgeon sur un buisson lui annoncerait la venue d'un certain type de baies, il saurait distinguer les champignons vénéneux des comestibles, la mousse sur un côté des arbres de la futaie lui indiquerait le nord, s'il ne l'avait pas déjà déduit de la course du soleil. Démuni qu'il est de montre, il aurait recours à ce soleil pour savoir l'heure, et un souffle de vent lui dirait une foule de choses que le citadin de passage serait incapable de déchiffrer ; ainsi la perception d'une certaine odeur suffirait peut-être à lui dire — à lui qui sait où poussent certaines fleurs — d'où souffle le vent.

S'il était chasseur, une trace sur le sol, une touffe de poils accrochée à une branche épineuse, quelque indice à peine soupçonnable lui révéleraient l'espèce de gibier qui est passé par là, et même le moment du passage. En somme, même immergé dans la nature, Sigma vivrait dans un monde de signes.

Ces signes ne sont pas des phénomènes naturels : les phénomènes naturels, en soi, ne communiquent rien. Ils ne « parlent » à Sigma que dans la mesure où toute une tradition rurale lui a enseigné à les *lire*. Sigma vit donc dans un monde de signes non parce qu'il vit dans la nature mais parce que, alors même qu'il est seul, il vit en société : cette société rurale ne se serait pas constituée et n'aurait pas survécu si elle n'avait pas élaboré ses propres codes d'interprétation des données naturelles (qui deviennent dès lors des données *culturelles).*

C'est arrivé ici que l'on se met à comprendre de quoi

doit s'occuper un livre consacré au concept de signe : de *tout*.

Evidemment, un linguiste pourrait nous faire observer que si nous nous mettons à appeler signe tout procédé permettant une quelconque interaction entre deux sujets, et jusqu'aux traductions solitaires que Sigma réalisait en son for intérieur, il n'y a plus de limite : il y a bien, nous dirait-il, des *artefacts* qui sont des signes au sens propre, comme les mots, certains signes, certaines conventions signalétiques ; mais tout le reste, qui n'est pas signe, est expérience perceptive, ou capacité de formuler des hypothèses et des prévisions à partir d'expériences, etc...

La proposition paraît frappée au coin du bon sens. On en trouvera une réfutation dans les pages qui suivent ; mais le lecteur n'en est pas encore là. Epinglons cependant déjà deux phénomènes qui mènent à penser que l'objection linguistique est bien restrictive.

D'un côté, tout au long de l'histoire de la pensée philosophique, le concept de signe a été utilisé dans un sens très large, au point de s'appliquer à un grand nombre des expériences que nous avons examinées dans notre exemple. De l'autre côté, l'usage commun — fidèlement consigné dans les dictionnaires — nous a habitués à un usage du mot « signe » qui semble fait exprès pour en autoriser une définition assez large.

II. Ont recours à la notion de « signe », tant les philosophes que l'homme de la rue, ce dernier recourant à des expressions quotidiennes comme *C'est mauvais signe, Fais-moi signe dès que tu seras prêt, T'es né sous quel signe ?*, etc. Dans l'esprit des gens cultivés, les philosophes utilisent le mot « signe » avec rigueur, et lui donnent un sens homogène, alors que dans l'usage quotidien — approché dans les phrases que nous venons de citer — « signe » serait un terme homonymique ; c'est-à-dire un terme utilisé en diverses circonstances, dans des sens différents, et le plus souvent de manière métaphysique et vague. Plus loin, nous verrons combien peut aussi être vague l'emploi que les philosophes font du mot. Mais pour l'instant, limitons-nous au langage de tous les jours : nous verrons que « signe » y apparaît dans des usages propres, corrects, techniquement acceptables. Par « techniquement », on veut dire : du point de vue de la discipline qui étudie toutes les variétés possibles du signe, discipline qui a pour nom Sémiotique ou Sémiologie.

Considérons donc l'usage commun comme renvoyant à une source autorisée et observons-le, tel qu'il est consigné dans un dictionnaire de langue. Pour éviter toute partialité dans le choix d'un dictionnaire français, nous construirons un article « Signe » idéal, à partir des différentes acceptions énumérées par quatre bons témoins : le Grand Robert (11 acceptions) ; le Grand Larousse de la langue française (11 acceptions) ; le *Lexis* de chez Larousse (7 acceptions) ; et le Littré (15 acceptions)[1].

1. L'article « signe » du texte original enregistre 20 acceptions — certaines n'ayant pas de correspondants en français — à la suite d'une enquête fondée sur 3 dictionnaires : le Devoto-Oli de Le Monnier (10 acceptions), le Zanichelli et le Garzanti (17 et 9 acceptions). Le travail d'adaptation à partir des sources françaises a été mené de façon à aboutir à une nomenclature se rapprochant le plus possible de l'article idéal proposé dans le texte italien. Mais on aurait pu aboutir à un regroupement différent, moins parce que les deux langues ne réservent pas toujours le même emploi au mot (l'italien dit *signe* pour *marque* dans une phrase comme « Fais donc une marque sur ta brosse à dent, pour ne pas toujours prendre la mienne ») que parce que l'organisation des acceptions dans un dictionnaire dépend étroitement, comme l'auteur le signale lui-même, du point de vue sémantique et des normes de présentation arrêtés par le lexicographe. De sorte que le nombre d'acceptions ne signifie pas grand-chose : les matériaux des 15 rubriques fourre-tout du Littré sont répartis différemment, et de manière plus éclairante, dans les 7 rubriques du *Lexis*. (n.d.t.)

SIGNE (du lat. *signum,* marque, statue, sceau, signal, preuve, constellation), n.m.

A. 1. Indice, marque, symptôme et plus généralement chose perçue et dont on peut tirer des prévisions, des déductions, des indications, sur une autre chose absente à laquelle elle est liée. Manifestation caractéristique d'une maladie, observée sur celui qui en souffre ou exprimée par lui *(signes physiques, signes fonctionnels).*

2. Marques physiques — telles que taches, cicatrices, etc. — qui facilitent l'identification d'une chose et plus particulièrement d'une personne (et qui peuvent dans ce cas être décrites dans les pièces d'identité comme *signes particuliers).*

3. Geste, acte, etc., qui manifeste une certaine façon d'être, d'agir, de ressentir, etc. (par exemple dans des expressions comme *donner des signes d'allégresse, signes extérieurs de richesse).*

B. 4. Mouvement volontaire par lequel on communique ou l'on exprime quelque chose, par exemple un ordre, un désir, une information, etc. *Ne pas donner signe de vie,* ne donner aucune nouvelle.

5. Marque distinctive imprimée ou apposée sur un objet ou une personne pour permettre sa reconnaissance.

6. Forme graphique simple (point, ligne, droite, courbe) renvoyant conventionnellement à un sujet abstrait; entités graphiques complexes ayant la même fonction (chiffres, formules chimiques, signes botaniques, signes abréviatifs, astronomiques, « signes conventionnels » représentant des unités militaires). N.B. Ces signes sont parfois nommés symboles (à ne pas confondre avec leurs homonymes des acceptions 10 et 11).

7. Représentation matérielle des objets concrets : par

exemple le dessin d'un animal pour communiquer l'objet ou le concept correspondant.

8. (Ling.) Procédé par lequel un concept ou un objet est représenté par une image acoustique (mot, etc.). Tout élément faisant partie du processus.

9. Tout élément d'un artifice visuel renvoyant à une image acoustique, à un mot, un concept, un objet, etc.; par ex. les lettres de l'alphabet, les signes typographiques, abréviatifs, sténographiques, diacritiques, de ponctuation, de la notation musicale, de l'alphabet Morse, Braille; p. ext.: caractères d'imprimerie.

10. Symbole, entité figurative ou non qui, par convention ou à cause de ses caractéristiques formelles, représente un événement, une valeur, une institution, un objectif, etc. Par ex. la croix (« signe de croix », « de la croix »), la faucille et le marteau, une tête de mort, « signes héraldiques », « signes » de la marine (pavillons, flammes, trapèzes). Syn.: emblème, insigne, armoirie, signal.

11. Symbole, entité figurative ou non, qui de manière vague, allusive ou imprécise, renvoie à un événement, une valeur, etc.

C. 12. (latinisme rare) Etendard.

13. Configuration astronomique. Signes du zodiaque (ou signes astraux, signes de chance).

14. *Sous le signe de,* sous l'influence de, sous les auspices de, dans une atmosphère de, dans des conditions créées par.

15. (arch.) Seing.

16. (rare) Argent mis dans la main d'une diseuse de bonne aventure.

17. Phénomène naturel, événement pris comme la manifestation d'une volonté cachée, d'une intention

divine, d'une puissance magique, ou comme illustration d'une doctrine ; présage ; (vx.) miracle.

Signalons que, pour mieux rendre compte de l'usage quotidien, les dictionnaires consultés ont rangé les différentes acceptions décrites ici dans des rubriques moins systématiques que les nôtres. Nous nous sommes quant à nous efforcés d'organiser ces acceptions de façon à :

1. distinguer d'une part sous (A) les signes non intentionnels, constituant en quelque sorte des événements naturels que nous utilisons pour reconnaître quelque chose ou en inférer l'existence (ainsi, d'un panache de fumée au sommet d'une colline, nous déduisons qu'un feu y a été allumé) et d'autre part sous (B) les signes réputés « artificiels » qui sont, eux, utilisés par des êtres humains pour communiquer avec d'autres êtres humains, sur la base de conventions ;

2. distinguer acceptions de base et acceptions dérivées (par métaphore ou par extension) ; les secondes sont rangées à la suite des premières dans les mêmes rubriques ;

3. bloquer sous (C) des expressions complexes et quelques acceptions littéraires ou obsolètes, même si elles sont dérivées, par extension, d'autres sens décrits sous (A) ou (B). Ainsi, l'acception (15) dépend de l'acception (5)[1]. L'acception (14), isolée parce qu'elle est attestée dans plusieurs dictionnaires comme une expression autonome, doit attirer notre attention sur un fait que nous aurons à discuter plus loin : le fait que des termes n'acquièrent une valeur précise que dans un

1. Dans le texte original, l'acception « échantillon d'urine à analyser », rangée sous C parce qu'obsolète, était ramenée au sens (1), car l'analyse est faite pour rechercher dans les urines le symptôme (« signe physique ») d'une affection (n.d.t.).

certain contexte ; c'est le cas ici, bien que le « signe » de cette expression dépende de l'acception (13). Enfin, l'acception (17) sur laquelle tous les dictionnaires s'étendent au point d'en faire une rubrique autonome n'est que l'extension de la (1), de la (4) ou de la (8), suivant l'hypothèse métaphysique, religieuse ou magique qui préside à l'identification de ces signes : on peut y voir des symptômes, des ordres, des indices, ou les mots authentiques de quelque langage divin.

En tout cas, en lisant cette suite de définitions, on y remarque d'une part des traits communs à tous les types de signes et d'autre part des caractéristiques qui permettent de distinguer diverses catégories de ces types. C'est sur ce jeu de caractéristiques communes et distinctives que, de l'Antiquité jusqu'à nos jours, se sont élaborées nombre de définitions et de classifications des signes. Même si elles sont proposées par des linguistes ou des philosophes, ces définitions et classifications ont une caractéristique évidente : elles se fondent sur *l'usage commun*. Ou bien ces linguistes et philosophes répètent les définitions et les classifications que les sujets parlants (ou les dictionnaires) ont toujours formulées, ou bien ils en élaborent de nouvelles qui, à peine proposées, peuvent immédiatement tomber dans le domaine public du *bon sens*.

C'est de cette recension des fruits du bon sens (commun ou savant) qu'il conviendra de partir, à la fois parce qu'il faut bien un point de départ et parce que parcourir la liste et l'histoire de ces classifications doit permettre de construire une véritable *phénoménologie du signe*. Agir ainsi pourra paraître oiseux et byzantin ; ne pas le faire serait en revanche laisser notre discours au niveau de l'imprécision absolue et de la métaphoricité. Le fait que nombre de philosophes aient accepté cette dernière solution ne constitue en aucune manière une

24

excuse : il doit au contraire inciter à être plus rigoureux et *technique*.

Aristote et Platon n'éprouvaient guère de honte à mêler aux propos qu'ils tenaient sur la philosophie du langage des considérations directement linguistiques et grammaticales.

De nos jours, par contre, s'est manifestée une espèce de philosophie académique renâclant devant l'analyse proprement technique du langage. C'est moins à cause de la spécialisation croissante de la discipline (qui les pousserait à se sentir moins compétents dans un domaine requérant un apprentissage rigoureux et spécialisé) que parce que la philosophie se pose comme discours théorique « global », se défiant des analyses techniques minutieuses. En ce sens, dire que l'homme est un « animal symbolique », et que c'est pour cette raison qu'il communique, paraît bien être de la philosophie. En revanche, décrire la *manière* dont il communique et la mécanique qui régit les rapports de signification, ce ne serait plus de la philosophie, mais de la linguistique, ou autre chose. C'est ainsi que des philosophes illustres comme Heidegger se permettent d'argumenter philosophiquement sur la base d'étymologies qui feraient frémir d'horreur un spécialiste en linguistique historique et qui ne feraient pas se retourner dans sa tombe Isidore de Séville, alors que Peirce, qui passa sa vie à classer et à structurer tous les mécanismes de la signification — raison pour laquelle il est mal vu dans les milieux philosophiques —, est encore considéré comme un philosophe pour ses pages de métaphysique et d'éthique (et à la rigueur pour ses travaux de logique), mais non pour sa contribution sémiotique (sans laquelle on ne peut pourtant comprendre ce qu'il voulait dire lorsqu'il parlait de Dieu, du monde, ou de l'esprit humain). Certes, il n'est pas douteux que la philosophie doive s'occuper des problèmes généraux que les diverses sciences perdent de vue, dans leur spécialisation parfois myope et leur esprit de clocher. Mais s'occuper de problèmes globaux ne veut pas dire ignorer les résultats acquis dans des secteurs particuliers : cela signifie au contraire prendre ces derniers en considération et les *interpréter* (lorsqu'ils ont été obtenus en dehors de l'activité philosophique), voire les *susciter,* lorsque la philosophie s'aventure sur un terrain où les disciplines spécialisées n'ont pas encore obtenu de résultats exploitables.

Ces deux derniers cas se présentent pour la philosophie du signe : d'un côté il est aujourd'hui impossible de constituer une philosophie du langage sans prendre en considération tout ce que la linguistique a produit ces deux derniers siècles ; de l'autre, pour étendre la problématique linguistique à celle de la signification (telle qu'elle se manifeste à tous les niveaux, y compris le non-verbal), il importe de *construire la sémiotique.*

Arrivés à ce point, nous ne pouvons encore dire si la sémiotique est seulement la forme technique que prend la *philosophie de la signification* (qui déconstruirait les philosophies vulgaires du langage) ou si c'est une *technique de recherche* que la philosophie du langage fait sienne pour parler des signes.

Deux choses ne font cependant aucun doute :

a) ainsi qu'il est arrivé pour la physique ou la psychologie, quelques-unes des contributions *philosophiques* les plus importantes au domaine de la linguistique ont été apportées, non par des philosophes, mais par des techniciens de chacune de ces disciplines (Einstein ou Heisenberg pour la physique, Saussure ou Hjelmslev pour la linguistique) ;

b) la sémiotique est aujourd'hui une technique de recherche qui réussit à décrire le fonctionnement de la communication et de la signification.

Dès lors, dans une partie importante du présent ouvrage, nous procéderons d'une manière qui ne rappellera pas l'allure du discours philosophique académique, précisément parce que nous croyons important de penser philosophiquement le problème du *Signe*. Nous tenterons une description technique de tout le phénomène de la *sémiose*, nous analyserons son fonctionnement concret, et hasarderons des définitions partielles. Sans cette démarche, on ne peut construire une philosophie du signe, ou on risque d'en construire une mauvaise ; avec elle, par contre, on fait sans doute exactement ce que doit faire une philosophie du signe. Laquelle doit toujours prendre en compte des cas comme celui que cette phrase de Morris met en évidence : « Par exemple, la question sans cesse posée de savoir si la structure du langage est la structure de la nature ne peut être correctement discutée que si les termes "structure" et "structure du langage" sont éclaircis ». (Morris, 1938 : 22.)

Par conséquent, cette philosophie du signe doit concevoir son analyse comme devant permettre aussi à tout discours philosophique de contrôler ses propres termes : « La sémiotique promet d'accomplir une des tâches qui ont traditionnellement été données comme de nature philosophique. La philosophie a fréquemment failli en confondant dans son propre langage les différentes fonctions assumées par les signes. Mais c'est une vieille tradition de vouloir que la philosophie étudie à fond les formes caractéristiques de l'activité humaine, et se batte pour une connaissance la plus générale et la plus systématique possible. Cette tradition apparaît sous une forme moderne dans l'identification de la philosophie à la théorie des signes et à l'unification de la science, c'est-à-dire à l'aspect le plus général et le plus systématique d'une sémiotique pure et descriptive. » (Morris, 1938 : 58-59)

En parcourant la table des matières de ce volume, le lecteur verra que l'on a tenté d'y mener à bien les démarches suivantes.

Dans le premier chapitre, on fournit une définition provisoire et approximative du signe. Provisoire et approximative, car c'est en quelque sorte une « définition moyenne », tenant compte de diverses définitions existantes. Cette définition suffira pour aborder le deuxième chapitre où l'on dresse l'état des différentes classifications des signes, de l'Antiquité à nos jours. Ces deux chapitres se veulent tolérants ; ils ne prétendent pas constituer une perspective théorique unifiée, mais offrent au contraire un panorama d'opinions.

Le troisième chapitre, bien que brossant un panorama de diverses théories, est plus homogène. Il traite en effet de la *structure interne du signe* au départ de l'approche structuraliste en linguistique. Il a paru opportun de consacrer tout un chapitre à cette approche pour deux raisons au moins. Tout d'abord, c'est ce courant qui, au cours de ce siècle, aura exercé l'influence la plus décisive sur le développement de la sémiotique. Ensuite, bien qu'on ne puisse l'appliquer telle quelle aux autres systèmes de signes, cette analyse fournit de précieuses indications et une bonne base théorique pour penser les signes non linguistiques.

Et de fait, le quatrième chapitre, qui tente de décrire les différents modes de production et d'interprétation des signes, entend dépasser le modèle linguistique discuté au chapitre III ; mais il le fait en utilisant des concepts provenant dudit modèle. Ce quatrième chapitre sera moins tolérant que les trois premiers : il fournit une approche théorique et une seule.

Le cinquième chapitre traite des problèmes philosophiques du signe. C'est évidemment le plus complexe. Mais il ne se veut pas — et ne saurait être — une histoire de la philosophie du signe. Il procède problème par problème. Il apparaîtra peut-être marqué au même coin de la tolérance que les trois premiers. Mais ce n'est pas par hasard qu'il se termine sur la philosophie de Peirce. Si j'ai laissé le dernier mot à celui-ci, c'est bien parce que j'entends proposer au lecteur une opinion qui ait l'air d'une conclusion.

Il doit en tout cas être entendu que ce livre est informatif et vulgarisateur. Il ne constitue pas l'exposé d'une théorie unifiée. Il procède toutefois par niveaux croissants de complexité : les trois premiers chapitres sont plus faciles que le quatrième et le cinquième.

Quelques remarques pour terminer. Ce livre porte sur le *concept de signe.* La sémiotique se présente souvent comme la discipline qui étudie les signes : mais ces derniers sont, pour ainsi dire, la matière première grâce à quoi tout être qui communique avec d'autres êtres sur la base d'un quelconque système de communication met en œuvre le processus que Peirce a nommé la *sémiose.* Mais, dans les processus de sémiose, jamais on ne procède par échange de signes isolés. Même lorsqu'on utilise un signe apparemment isolé — un mot, un signal routier, un geste de la main — on se fonde toujours sur un contexte (je puis dire /bifteck/, mais si je prononce ce mot dans un restaurant, je sous-entends l'ordre /apportez-moi un bifteck/). Dans l'univers de la sémiose, les signes s'organisent en énoncés, assertions, ordres, demandes. Et les énoncés s'organisent en *textes,* en *discours.* On soutient dès lors volontiers qu'il n'est pas de sémiotique du signe possible sans sémiotique du discours. Une théorie du signe comme entité isolée est en tous les cas impuissante à expliquer l'usage *esthétique* des signes, de sorte qu'une sémiotique de l'art doit nécessairement être une sémiotique des textes et des discours.

Les limites du présent ouvrage sont donc claires. On

tente toutefois d'y montrer comment, à partir d'une définition du signe, il est possible d'atteindre à une théorie plus vaste de la sémiose. Une fois le signe défini, il reste à dire comment une société donnée use des signes pour informer, mentir, persuader, dominer, libérer. Le discours s'ouvre ainsi sur un espace situé au-delà des limites que ce livre s'assigne.

Il doit donc être entendu que la *sémiotique* est la discipline qui étudie la vie de la *sémiose*. En parlant de M. Sigma, nous avons décrit des processus concrets de sémiose. Sigma, le médecin, tous les acteurs de notre petite parabole pratiquent la sémiose comme monsieur Jourdain faisait de la prose : sans le savoir. Evidemment, ils ne faisaient pas de la sémiose comme nous le faisons — en connaissance de cause — au long de ces pages. Ils ne se livraient pas, en effet, à la réflexion critique sur la nature du Signe, moteur de la sémiose.

CHAPITRE I

LE PROCESSUS SÉMIOTIQUE

1.1. Le signe comme élément du processus de communication

1.1.1. Le signe est utilisé pour transmettre une information, pour dire ou indiquer une chose que quelqu'un connaît et veut que les autres connaissent également. Il s'insère donc dans un processus de communication de type :

— source — émetteur — canal — message — destinataire.

Ce schéma reprend sous une forme simplifiée celui qui a été élaboré par les ingénieurs des télécommunications lorsqu'il s'est agi pour eux de définir les conditions optimales de transmission des informations. En tout cas, il s'applique à nombre de processus communicatifs. Supposons, par exemple, qu'un tremblement de terre ait dévasté les Philippines et que le correspondant local d'un journal transmette cette nouvelle par télex. L'événement survenu aux Philippines constitue la Source, le correspondant est l'Emetteur, le système télex est le Canal, la nouvelle est le Message et le rédacteur qui la reçoit, le Destinataire.

Nous laissons ici de côté et certaines complications techniques (il y a un signal électrique, un appareil

Emetteur et un appareil Récepteur, etc.) et certaines possibilités de simplifier le modèle (dans le cas d'un écrivain, Source et Emetteur coïncident pratiquement). On omet aussi le fait qu'entre le séisme et la nouvelle lue sur le journal intervient un plus grand nombre de processus communicatifs (correspondant — rédacteur, rédacteur — directeur, directeur — metteur en page, metteur en page — typographe, et ainsi de suite, jusqu'aux lecteurs du journal).

1.1.2. Du point de vue où nous nous sommes placés, le Message équivaut au Signe. En effet, un message peut être constitué (et c'est presque toujours le cas) par l'organisation complexe de nombreux signes. Mais nous considérons surtout un processus communicatif plus élémentaire. Par exemple lorsque je crie / Tout de suite ! / à un ami qui m'a appelé : dans ce cas je suis l'Emetteur, lequel s'identifie pratiquement avec la Source, l'air à travers lequel voyagent les ondes sonores que j'ai émises est le Canal, et / Tout de suite / est le Message, qui cette fois s'identifie à ce qui peut être considéré comme signe isolé.

Il est évident que le schéma proposé est, comme on l'a dit, très simplificateur. Il ne répond pas encore à des problèmes de ce genre : le message est-il l'émission sonore elle-même ou le signifié de cette émission ? Le message est-il composé des mots écrits ou des mots que je puis lire à haute voix et qui sont des émissions sonores et non pas des traces graphématiques ? Tous ces problèmes seront traités dans une autre partie de ce livre.

1.1.3. Il faut en tout cas ajouter quelque chose à notre schéma : mon ami ne comprendra le signe / Tout de suite / que s'il parle français. S'il ne connaît pas la langue, il percevra une entité sonore indifférenciée, et n'en saisira pas la signification. Il faut donc qu'Emetteur et Destinataire aient un Code en commun; un Code, c'est-à-dire une série de règles qui permette d'attribuer une signification au signe.

En faisant état de cette exigence, nous sommes passés à un autre point de vue: le signe n'est pas seulement un élément qui entre dans un processus de *communication* (je puis très bien transmettre et communiquer une série de sons privés de signifié); il est aussi une entité qui participe à un processus de *signification*.

Lorsqu'on dit qu'un code institue une règle, on veut d'habitude dire que cette règle est établie par une convention. Mais conventionnalité n'est pas synonyme d'arbitrarité. On peut trouver d'excellentes raisons pour associer le rouge et l'idée de danger, ou quelques lignes jetées sur une feuille de papier à la forme du corps humain. Mais, dans tous les cas, les modalités du rapport de signification ainsi établi sont conventionnelles.

Les symptômes tombent, eux aussi, sous le coup de notre définition. Ils peuvent évidemment être motivés, mais c'est bien une convention culturelle qui nous fait considérer certaines taches sur la peau comme indices d'un trouble hépatique. Que l'on change la convention, et du même coup se modifie le pouvoir révélateur attribué à certains indices.

Les codes sont la condition nécessaire et suffisante du signe: un symptôme pathologique est un signe dans la mesure où il existe un code (qui est la sémiologie médicale), et ceci indépendamment de l'intention du patient.

Un code existe même lorsqu'il est *imprécis et faible* (c'est-à-dire sujet à des restructurations rapides), *incomplet* (s'il associe quelques signifiants seulement à certaines portions seulement d'un contenu vaste et segmentable), *provisoire* (s'il est voué à être vite remplacé) et *contradictoire* (s'il fait partie d'un sous-système qui assigne à un signifiant un signifié contredit par tel autre signifié que lui assignerait un autre code du même sous-système). Ainsi le *code* de la mode mérite ce titre tout autant que celui de la langue, quand bien même il reste imprécis, faible, incomplet, provisoire...

Le caractère éventuellement imprécis, faible, incomplet, provisoire et contradictoire des codes n'invalide pas la définition du signe : tout au plus en rend-il la signification ambiguë, et malaisée sa communication. Communication malaisée, non parce que les signes ne seraient pas reconnus comme tels, mais bien parce que, les signes étant reconnus, les codes entrant en jeu à ce moment présentent les faiblesses énumérées plus haut.

1.1.4. Un processus de communication dans lequel il n'existe pas de Code, et dans lequel il n'existe donc pas de signification, se réduit à un processus de *stimulus-réponse*. Les stimuli ne satisfont pas à une des définitions les plus élémentaires du signe, celle pour laquelle le signe a été *mis à la place de quelque chose d'autre*. Le stimulus n'est pas donné pour quelque chose d'autre mais *provoque directement* cette chose. Une lumière aveuglante m'obligeant à fermer vivement les yeux est très différente d'un commandement qui m'enjoint de fermer les yeux. Dans le premier cas, je ferme les yeux sans réfléchir ; dans le second, je suis d'abord obligé de comprendre l'ordre, et donc de décoder le message (processus sémiotique), puis enfin de décider de mon obéissance ou non (processus de volonté qui sort de la compétence sémiotique). En ce sens, le tintement de la cloche qui amène le chien de l'expérience de Pavlov à saliver est un stimulus : le bruit a le même effet que la nourriture qui, tout au long de l'expérience, a été associée au tintement. Mais cette cloche n'est pas présentée à la place de la nourriture, et dans ce cas, on parle de « réflexe conditionné ». Tout autre serait le cas d'un être humain qui aurait compris que le tintement précède l'arrivée de la nourriture : le bruit serait alors un indice de la nourriture ou, comme dans le cas de la sonnerie militaire qui claironne « à la soupe ! », un signe artificiel véritable, méritant autant ce nom qu'une annonce faite verbalement. Les spécialistes de zoosémiotique (Sebeok, 1968, 1972) admettent que les animaux aussi peuvent être engagés dans des processus sémiotiques. Nous dirons que le tintement serait un signe pour l'animal si ce dernier se comportait comme le chien de la blague, chien qui, pour avoir de la nourriture, se rendait tous les jours à l'institut Pavlov et se mettait à saliver, jusqu'à ce qu'un psychologue « conditionné » fasse tinter une cloche et lui apporte une écuelle. Ceci pour dire que les processus sémiotiques ne sont tels que lorsqu'ils sont réversibles, comme d'ailleurs tous les processus intellectuels (Piaget, 1968) ; on peut passer du signe à son référent quand on est aussi capable de parcourir le chemin inverse : quand on sait non seulement que lorsqu'il y a fumée il y a feu, mais aussi lorsqu'on sait que c'est le feu qui fait la fumée.

1.2. Le signe comme élément du processus de signification

1.2.1. Ce second point de vue dans la classification des signes a moins d'évidence que le premier. Nous connaissons en effet l'exemple de civilisations primitives ou de comportements déviants dans lesquels les distinctions qui suivent ne sont pas tellement claires. C'est à cela que l'on fait allusion lorsque l'on avance que dans certains contextes culturels les paroles s'identifient aux choses, ou que *nomina sunt numina*. Bien qu'elle soit déjà présente dans la pensée grecque des siècles d'or, chez Platon et Aristote, cette distinction n'a été exposée de façon systématique que par les Stoïciens. Pour ceux-ci, on devait distinguer dans tout processus sémiotique :

le *seimainon,* ou signifiant, ou expression perçue comme entité physique ;

le *semainomenon* : ce qui est exprimé, ou signifié, ou contenu, qui ne représente pas une entité physique ;

le *tynchanon* : l'objet auquel le signe se réfère et qui est, de nouveau, une entité physique, ou encore un événement ou une action.

1.2.2. Cette distinction a été reformulée sous des noms divers tout au long de l'histoire de la philosophie du langage et de la linguistique.

Nous la prendrons comme point de départ dans le propos qui va suivre, et pour fournir une fois pour toutes les termes auxquels nous aboutirons, nous la représenterons graphiquement dans un triangle, ainsi que cela a souvent été fait :

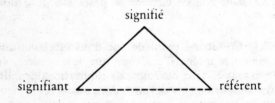

Pensons au signe /cheval/. (Nous l'inscrivons entre barres obliques parce que, ci-après, nous utiliserons cet artifice graphique pour indiquer un signe pris dans *sa forme signifiante.*) Le signifiant /cheval/ ne signifie rien pour un Esquimau qui ne connaîtrait pas le français (autrement dit : qui ne posséderait pas notre code). Si je désire lui expliquer le signifié de /cheval/, je puis lui fournir la traduction du terme dans sa langue, ou bien définir pour lui ce qu'est un cheval, ainsi que le ferait un dictionnaire ou une encyclopédie, ou encore tracer sur une feuille le dessin d'un cheval. Ainsi que nous le verrons plus loin, toutes ces solutions impliquent que, au lieu du signifiant à expliquer, je lui offre d'autres signifiants (verbaux, visuels, etc., que nous appellerons *interprétants* du signe) : en tout cas l'expérience nous dit qu'à un certain moment il comprendra ce que signifie /cheval/. Certains pensent que dans son esprit il se serait formé une « *idée* » ou un « *concept* » ; d'autres diront plutôt que nous avons stimulé chez lui une « disposition à répondre », grâce à laquelle il amènera peut-être un cheval réel, ou bien se mettra à hennir pour montrer qu'il a compris. En tout cas, à partir du moment où il est en possession du code (en l'occurrence une règle élémentaire de signification), au signifiant /cheval/ correspondra, pour lui comme pour moi, une entité non encore définie : le signifié. Ce signifié, nous l'écrirons entre guillemets : « cheval ». (Une des difficultés du langage parlé est que, pour renvoyer à un signifié, on use d'habitude de la même forme que celle du signifiant ; il serait plus correct de dire qu'au signifiant /cheval/ correspond un signifié « x ».)

Tout ce processus de signification peut avoir lieu même si aucun cheval n'est présent. Le cheval présent, ou tous les chevaux existant, ayant existé ou qui pourront exister dans le monde, sont pointés comme *référents* du signifiant /cheval/. Quiconque possède un minimum de bon sens sera d'accord pour dire que cette notion de référent est bien ambiguë, mais le même détenteur de bon sens sera également d'accord pour admettre qu'actuellement cette notion constitue la manière la plus commode de rendre compte d'un fait que nous expérimentons tous les jours : lorsque nous émettons des signes, *le plus souvent,* nous pensons traiter des choses. Le triangle, ainsi qu'on l'a vu, représente le lien entre signifiant et référent par un trait discontinu : la raison en est que le rapport entre ces deux entités est assez obscur. Avant tout, ce rapport est le plus souvent arbitraire, en ce sens qu'il n'y a aucune raison pour appeler le cheval /cheval/ plutôt que /horse/, comme le font les Anglais. En second lieu parce qu'on peut utiliser le signifiant /cheval/ non seulement en l'absence de tout cheval, mais aussi quand bien même aucun cheval n'aurait existé. Et de fait, le signifiant /licorne/ existe, de sorte que j'ai pu l'écrire sur cette page ; et le signifié « licorne » est assez clair à qui est familiarisé avec la mythologie, l'héraldique et les légendes médiévales ; mais le référent licorne n'a jamais eu d'existence réelle.

1.2.3. Les objections que l'on peut opposer à cette classification outrepassent déjà le bon sens, c'est pourquoi nous les laissons pour l'instant de côté. Nous nous limiterons seulement à fournir une nouvelle version du triangle dans lequel nous consignerons, à chacun des sommets, les diverses catégories notionnelles qui ont été utilisées par les différents classificateurs :

interprétant (Peirce)
référence (Ogden-Richards)
sens (Frege)
intension (Carnap)
designatum (Morris, 1938)
significatum (Morris, 1946)
concept (Saussure)
connotation (Stuart Mill)
image mentale (Saussure, Peirce)
contenu (Hjelmslev)
état de conscience (Buyssens)

signe (Peirce)
symbole (Ogden-Richards)
véhicule du signe (Morris)
expression (Hjelmslev)
representamen (Peirce)
sème (Buyssens)
signifiant (Saussure)

objet (Peirce)
denotatum (Morris)
Bedeutung (Frege)
dénotation (Russell)
extension (Carnap)

Comme on le voit, le bon sens — n'est-ce pas la chose du monde la mieux partagée ? — s'accorde sur le fait de la tripartition, mais pas sur les noms à donner aux trois pôles. Quelqu'un va même jusqu'à nommer /signifié/ ce que nous avons appelé référent, et /sens/ ce que nous avons appelé /signifié/. Et, par exemple, la *Bedeutung* de Frege a pu être traduite par « signifié » ou « meaning » chez l'un et par « référence » chez l'autre. Tantôt ces différences sont purement terminologiques, tantôt elles dissimulent des divergences de conception radicales. Discuter tous ces choix taxinomiques reviendrait à brosser de la sémantique une histoire vaste et polémique. C'est pourquoi nous n'en examinerons que quelques-uns au long des pages qui suivent. Un point laisse toutefois perplexe : qu'est-ce qui est Signe dans cette classification ? Est-ce l'entité à gauche du triangle ? Si nous suivons Saussure (1916), nous apprenons que le signe est une entité à deux faces composée d'un signifiant et d'un signifié (cependant que le référent, au côté droit du triangle, n'est d'aucune pertinence dans le domaine de la linguistique). Mais la position saussurienne va bien au-delà de ce qu'autorise l'usage commun.

En outre, dans la mesure où (comme nous le verrons) un signifiant peut renvoyer à différents signifiés, l'unité présumée qu'est le signe devient assez problématique, et se dissout fréquemment dans un réseau de corrélations en constante restructuration. D'autre part, même dans le discours philosophique, /signe/ est presque toujours utilisé comme synonyme de « signifiant » c'est-à-dire comme « quelque chose qui est là pour quelque chose d'autre ». Par conséquent, dans tous les cas où nous ne préciserons pas que nous recourrons à un usage différent, nous utiliserons /signe/ au sens de « signifiant ». En théorie, nous ne devrions même pas utiliser le terme /signe/, tant il est ambigu et trompeur. Mais la définition du dictionnaire, qui reproduit les ambiguïtés de l'usage courant, nous suggère que, derrière cette ambiguïté, il doit bien exister une série de constantes sémiotiques que, par commodité, nous désignerons par ce terme de /signe/.

1.2.4. Une chose est certaine : des classifications du signe comme élément du processus de signification, il ressort que ce signe est toujours compris comme « quelque chose qui est mis à la place de quelque chose d'autre », ou pour quelque chose d'autre. Les Anciens disaient : *aliquid stat pro aliquo*. Et Peirce définit le signe comme *something which stands to somebody for something in some respect or capacity* (1931 : 2.228), définition que l'on peut traduire de la manière suivante : « Quelque chose qui tient lieu pour quelqu'un de quelque chose sous quelque rapport ou à quelque titre » (Peirce, 1978 : 121). « Sous quelque rapport » signifie

que le signe ne représente pas la totalité de l'objet mais
— par la voie d'abstractions diverses — le représente
*d'un certain point de vue ou en vue d'un certain usage
pratique.*

1.3. Trois regards sur le signe : sémantique, syntaxique et pragmatique

Morris (1946) a proposé de distinguer trois façons de
considérer un signe, distinction qui a été largement
reçue dans le monde scientifique. Le signe peut en effet
être perçu selon trois dimensions :

sémantique : le signe est ici conçu dans sa relation à ce
qu'il signifie ;

syntaxique : le signe est abordé en ce qu'il peut être
inséré dans des séquences d'autres signes, selon certaines règles de combinaisons ; on entend aussi par
« syntaxique » l'étude de la structure interne de la face
signifiante du signe (par exemple la division d'un mot
en unités de rang immédiatement inférieur), indépendamment du signifié véhiculé par ce signe et même dans
le cas où l'on supposerait qu'il existe des signes ne
véhiculant aucun signifié.

pragmatique : le signe est ici perçu en fonction de ses
origines, et des effets qu'il a sur les destinataires, les
usages que ceux-ci en font, etc.

1.4. L'unité sémiotique minimale

1.4.1. Il apparaît très difficile de définir ce que serait l'unité minimale dans un signe. On dit que les soi-disant « mots » sont des signes et que les lettres de l'alphabet qui les composent sont également des signes : en ce cas, faudrait-il voir aussi des signes dans les sons auxquels les lettres se réfèrent, ces sons qui composent les mots ? Et si l'on doit considérer comme signes un point ou une courbe, alors une cible (composée de courbes concentriques et d'un point central) est-elle un signe unique ou la combinaison de plusieurs signes ? Et que signifient les cercles concentriques de la cible si on les prend isolément ? Et si le mot /signe/ est un signe, que peut-on dire alors de l'expression /signe de croix/ ? Ou encore, si l'expression /ici/ est un signe qui signifie à peu de chose près « l'endroit exact où je me trouve », l'expression /viens ici/ prononcée à l'adresse de quelqu'un d'autre est-elle un complexe de signes ou un signe unique ? Et si cette expression est composée de plusieurs signes, que signifie exactement /ici/ dans ce complexe ? : est-ce encore « l'endroit exact où je me trouve » ? ; c'est évidemment le cas du point de vue de celui qui parle, mais du point de vue de celui qui est en train d'écouter cela signifie « l'endroit exact où se trouve celui qui parle » et c'est de cette façon que je le comprends si je me mets en mouvement pour obéir à l'ordre. Et, enfin, ne peut-on tenir cette expression pour un signe unique, puisque, si c'est un signe dans l'acception (3), elle peut être traduite par un seul signe dans l'acception (4), c'est-à-dire par un geste ?

1.4.2. Le problème avait bien été perçu par les grammairiens et les linguistes de l'Antiquité. Par exemple, Aristote distinguait :

l'*onoma,* signe qui par convention signifie une chose, comme /Philon/ ou /bateau/ ;

le *rema,* signe qui implique également une référence temporelle, comme /il est en bonne santé/ (un *rhème* est toujours un *onoma,* alors qu'un *onoma* n'est pas nécessairement un *rhème) ;*

le *logos,* ou signe complexe, qui atteint les dimensions d'un discours entier.

1.4.3. Outre cette distinction (que nous rencontrons dans *De l'interprétation,* dans la *Poétique* et dans la *Rhétorique),* Aristote avait également identifié les *syndesmoi,* qui correspondent plus ou moins à l'article, à la préposition, à diverses particules, à l'adverbe, tous signes dans lesquels le signifié n'est pas autonome mais est établi par le contexte (je ne sais pas ce que signifie /à/ si ce n'est que je le vois inséré dans des expressions du genre /je vais *à* la maison/, /je donne cette chose *à* untel/ ou encore /mettre *à* feu et *à* sang/). Cette observation a été reprise par les stoïciens et ensuite, sous une forme très tranchée, par les grammairiens du Moyen Âge, lesquels distinguent signes *catégorématiques* et signes *syncatégorématiques :* dans cette classification, /maison/ est un catégorème (de même que le verbe /aller/), alors que /à/ est un syncatégorème. Cette définition ne s'applique pas seulement aux signes linguistiques, mais aussi aux opérateurs logico-mathématiques (comme $+$, $-$, $\times$, $\supset$, $\wedge$, $\cup$).

1.4.4. Il est inutile d'ajouter que les grammairiens grecs avaient aussi identifié ces signes que sont les flexions, flexions qui ajoutent indubitablement un signifié au mot. En latin, /lupus/ est un *onoma,* mais les désinences /us/, /i/, /um/ sont également des signes :

elles permettent en effet d'établir si je suis en train de faire quelque chose au loup, ou si c'est le loup qui fait quelque chose.

1.4.5. Nous retrouverons ces subdivisions dans la classification proposée par Morris (voir paragraphe 2.9). Notons pour l'instant que les anciens s'étaient déjà interrogés sur le statut de l'unité sémiotique minimale, et qu'ils avaient établi que tout ce dont nous venons de parler, était, *en quelque manière,* des signes. Devant ce problème, l'attitude la plus commode peut être de reconnaître qu'il existe des signes *simples* et des signes *complexes.* Les signes complexes sont évidemment ceux qui sont composés d'un certain nombre de signes simples : mais le problème reste ouvert de savoir si le signifié d'un signe complexe est simplement la somme des signifiés des signes simples qui le composent.

Buyssens a essayé de nuancer cette distinction en parlant de *signes* et de *sèmes.* L'unité porteuse de signifié est le sème, c'est-à-dire une expression qui communique à quelqu'un un état de conscience de l'émetteur : /viens ici/ est un sème et a un signifié ; /ici/, isolé, n'a pas de signifié, et a seulement une *valeur :* à strictement parler, un signe n'a pas de signification : une flèche, isolée des plaques de signalisation routière nous rappelle divers sèmes concernant la direction des véhicules ; mais à elle seule cette flèche ne permet pas la concrétisation d'un état de conscience : pour ce faire, elle doit avoir une certaine couleur, une certaine orientation et figurer sur une certaine plaque dressée en un certain endroit ; il en est de même pour un mot isolé, par exemple table : il nous apparaît comme membre virtuel de diverses phrases où il est question de diverses choses ; mais à lui seul il ne permet pas de reconstituer l'état de conscience de celui qui parle (Buyssens, 1943 : 3/-38).

Cependant, pour l'instant, nous pouvons décider de définir comme /signe/ toute entité minimale qui pourrait avoir un signifié. Il est exact que le /ici/ de /viens ici/, une fois qu'il est isolé, ne semble pas avoir de signifié précis. Il est non moins exact que la réponse /ici/ à la question /où es-tu ?/ n'a de sens que parce qu'elle présuppose la question (en effet, il s'agit d'un sème abrégé qui devrait s'énoncer /je suis ici/). Mais il est aussi vrai que si, dans une école, je demande à un enfant la différence entre /ici/ et /là/, l'enfant est en mesure de me l'expliquer : par le truchement d'une définition, il me fournit le *signifié* de /ici/. Signifié vague, aux emplois très variés, mais signifié tout de même.

Peirce (2.243 *sv.*) range aussi dans la catégorie des signes :

— le *Rhème,* qui est tantôt défini comme un terme isolé ou comme une description, ou encore comme une fonction propositionnelle dans le sens de la logique contemporaine ;

— le *Dicisigne (Dicisign* ou signe *dicent),* c'est-à-dire une proposition, du genre de /Socrate est mortel/ ;

— l'*Argument,* qui est un raisonnement complexe, du type du syllogisme.

Il est certes audacieux de considérer comme un signe tout un discours comme le syllogisme ; mais il est beaucoup moins hasardeux, du moins dans certaines circonstances, de considérer le Dicisigne comme signe unitaire : par exemple, un signe visuel comme la photographie d'un homme a une fonction sémantique unitaire (elle représente Untel), et peut au même moment être traduite verbalement dans une proposition du genre « Untel avec ses lunettes et son veston noir, qui est en train de sourire », etc. Ailleurs, au moment où il définit le signe linguistique de type arbitraire (qu'il nomme symbole), Peirce avance qu'un symbole peut aussi bien être un mot qu'un livre entier.

Pour ne pas étendre démesurément la catégorie du signe, nous pouvons décider que dans les pages qui suivent (sauf dérogation explicite) nous distinguerons les signes — simples et complexes — des énoncés ou assertions. /Tasse/ est un signe simple; /la tasse de café/ est un signe complexe. Les logiciens diraient que le premier est un *nom* et le second une *description,* et que ni l'un ni l'autre ne constituent des assertions sur des faits qui pourraient être vrais ou faux, mais dénotent simplement quelque chose. En revanche, /cette tasse de café est cassée/ est déjà un *énoncé* composé de plusieurs signes, énoncé qui affirme quelque chose de vrai ou de faux. Dans ce sens, un livre, composé de multiples assertions, ne peut être considéré comme un symbole (ainsi que l'avait suggéré Peirce) que par extension: il est en effet déjà constitué d'un long enchaînement de signes combinés de diverses façons.

CHAPITRE II

LA CLASSIFICATION DES SIGNES

2.1. Premier critère de classement : la source du signe

Les courants les plus récents de la sémiotique tentent de faire entrer dans l'orbe de cette discipline tous les types de signaux servant à la communication que l'homme et les autres êtres reçoivent des autres êtres, voire de la matière inorganique : on aboutit ainsi à ranger parmi les signes jusqu'aux informations attribuées au code génétique et aux éventuelles communications interstellaires. C'est dans cette voie que l'on situera la *zoosémiotique* (Sebeok, 1968), étude des systèmes de communication animale (qui envisage bien tous les modes sur lesquels s'établit cette communication : les modes chimiques et olfactifs y compris), et *l'endosémiotique,* qui étudie les communications à l'intérieur du corps humain ou animal.

Dans les pages qui suivent, nous ne prendrons pas tous ces problèmes limites en considération, *nous bornant à la classification des signes qui, reconnus comme tels, interviennent dans les rapports interpersonnels.* Cependant, il n'est pas inutile de prendre note de la classification proposée par Sebeok :

47

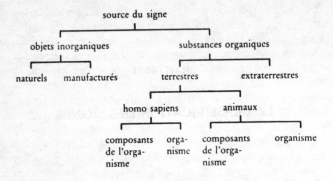

2.2. Signification et inférence

2.2.1. Une très ancienne distinction sépare les signes *artificiels* des signes *naturels*. Les premiers seraient ceux que quelqu'un (homme ou animal) émet consciemment sur la base de conventions précises, en vue de communiquer quelque chose à quelqu'un (et c'est bien de cela qu'il s'agit dans le cas des mots, des symboles graphiques, des dessins, des notes de musique, etc.). A l'origine de ces signes, il y a toujours un *émetteur*. Les seconds seraient les signes SANS émetteur intentionnel, provenant donc d'une *source* naturelle, et que nous interprétons comme symptômes et indices (comme les taches sur la peau, qui permettent au médecin de diagnostiquer certains troubles hépatiques, les bruit de pas annonçant la venue de quelqu'un, le nuage annonciateur de pluie, et ainsi de suite). Les signes naturels sont aussi dits *expressifs* lorsqu'ils sont les symptômes de dispositions psychologiques, comme les signes *involontaires* de joie : mais la possibilité même de la simulation indique à suffisance que même les signes expressifs sont les éléments d'un langage socialisé, analysables et *utilisables* comme tels.

2.2.2. Tout différent est le cas des signes *authentiquement naturels.* Nombre de chercheurs les ont classés parmi les signes, mais beaucoup d'autres (*cf.* Buyssens, Segre, 1970), tout en reconnaissant leur existence, leur refusent ce statut. Attitude différente chez ceux qui comme Greimas (1968) ont parlé d'une *sémiotique du monde naturel,* en insistant sur le fait que tout événement d'ordre physique — le signe météorologique, la façon de marcher, etc. — sont des phénomènes de signification à travers lesquels nous interprétons l'univers, grâce à des expériences antérieures qui nous ont appris à *lire* ces événements comme autant d'éléments révélateurs.

2.2.3. Si nous acceptons la définition de Buyssens (pour qui le signe est un artifice grâce auquel un être humain communique un état de conscience à un autre être humain), on ne doit évidemment voir qu'une simple métaphore dans le fait de nommer signe un *indice* que quelqu'un laisse échapper sans en avoir l'intention, ou la marque laissée sur la table par un verre humide. Mais ce n'est pas par hasard si le langage de tous les jours parle de signe dans les deux cas. Et nous préférons dire avec Morris que « Une chose n'est un signe que parce qu'elle est interprétée comme le signe de quelque chose par un interprète » et que « Par conséquent, la sémiotique ne s'intéresse pas à l'étude d'un type d'objet particulier ; elle s'intéresse plutôt à des objets ordinaires dans la mesure (et seulement dans cette mesure) où ils participent à la semiosis » (1938 ; tr.fr., 1974 : 17).

2.2.4. Celui qui entend contester cette position objectera qu'on est en train de considérer comme signe un phénomène à travers lequel on *infère* l'existence d'un autre phénomène et rien de plus. Or l'inférence est un processus logico-intellectuel et n'est pas nécessairement un phénomène de communication. Réfléchissons cependant sur les exemples concrets qui suivent :

Je dois me rendre à la gare pour attendre un ami.

Première hypothèse. Je vois descendre du train un autre de mes amis ; celui-ci me dit : « Untel est dans le wagon voisin, et je crois qu'il va bientôt descendre ». Dans cette hypothèse, nous avons une émission de signes linguistiques véritables qui *remplacent* la perception que je n'ai pas.

Deuxième hypothèse. Mon ami m'a écrit : « Lorsque j'arriverai, j'agiterai un numéro du *Monde* à la fenêtre ». Je vois le journal et je sais que mon ami est dans le train. Le journal pourrait très bien n'être qu'un symptôme, mais ici, le fait de l'agiter résulte d'une convention explicite.

Troisième hypothèse. Je vois un porteur qui fait sortir par la fenêtre la valise en cuir de Russie couverte d'étiquettes d'hôtels orientaux avec laquelle, je le sais, mon ami a l'habitude de voyager. Je sais, dès lors, que mon ami est arrivé, alors qu'il n'est pas encore descendu du train. La valise est un indice, que j'associe à mon ami à cause d'une expérience précédente, largement socialisée, tant et si bien qu'elle est devenue un objet de plaisanterie dans le milieu où je vis : « Untel est vraiment le seul type au monde qui a le courage de voyager avec une valise comme cela ! »

Quatrième hypothèse. Je vois descendre la femme de mon ami. Comme les deux époux voyagent toujours ensemble, j'en *infère* que mon ami doit être dans le train.

Ce dernier cas est évidemment le plus embarrassant. En toute rigueur, la femme de mon ami n'est pas un signe. Il est évident que je l'utilise ici comme si elle était un

« indice, marque, symptôme et plus généralement chose
perçue et dont on peut tirer des déductions, des indications, sur une autre chose absente à laquelle elle est liée »
(définition dans laquelle on aura reconnu l'acception
n° 1 de notre article de dictionnaire idéal). Mais le
problème est le suivant : si l'on pousse à ses extrêmes
l'acception de « indice », est-il encore raisonnable de
considérer ces indices comme des « signes » ?

Le problème dépend moins de la nature de l'indice
(fumée, tache, femme en chair et en os) que de la puissance
du rapport conventionnel établi entre mon ami et sa
femme, comme dans le cas de la valise. En d'autres
termes, le statut de signe dépend de l'existence d'un
code.

2.2.5. On pourrait en tous les cas avancer certaines
définitions fournies par des penseurs relativement
anciens ; ces définitions sont de celles qui nous autorise-
raient à introduire même les phénomènes d'inférence
dans le champ sémiotique. Pensons à Hobbes qui a
soutenu que : « Un signe est l'antécédent évident du
conséquent ou, au contraire, le conséquent de l'antécédent lorsque des conséquences semblables ont d'abord été
observées ; et plus fréquemment ces conséquences ont été
observées, moins incertain est le signe » *(Leviathan,* 1, 3),
ou encore à cette phrase de Wolff pour qui le signe est :
« Un être dont on infère la présence ou l'existence passée
et future d'un autre être » (*Ontologie,* 952), pour ne pas
parler des stoïciens qui définissaient le signe comme :
« Une proposition constituée d'une connexion valide et
révélatrice du conséquent » (Sextus Empiricus, *Adversus
Mathematicos,* VIII, *245).*

Sous cet aspect, la définition du signe la plus large est
celle du *Dictionnaire de Philosophie* d'Abbagnano. On y
lit : « Tout objet ou événement, renvoyant à un autre objet
ou événement. Cette définition — qui est la plus couram-

ment adoptée par la tradition philosophique ancienne ou actuelle — est très générale, et permet d'inclure dans la notion de signe toute possibilité de renvoi. Par exemple celui de l'effet à la cause (et vice versa), de la condition à son résultat (et vice versa), du stimulus provoquant le souvenir à ce souvenir, du mot à son signifié, du geste d'indication à la chose indiquée, de l'indice ou du symptôme d'une situation à cette situation. »

2.2.6. On pourra observer qu'il est bien différent de remonter de l'effet à la cause et de passer du mot /cheval/ au concept cheval. Le premier mouvement semble être constitué par un travail complexe de l'intelligence, alors que le second présente toutes les apparences du réflexe conditionné. Il y a une différence entre *inférence* et *association,* au point que l'usager courant du langage ne réfléchit presque jamais au fait qu'il y a une différence entre /cheval/ et le signifié auquel le signifiant se réfère (et c'est ce qui autorise Saussure à parler du signe comme de l'union des deux). Nous répondrons cependant en avançant deux exemples.

Examinons tout d'abord un artifice de langage à quoi personne ne voudra refuser le statut de signe. Nous pensons au procédé rhétorique appelé synecdoque. Si pour parler de la flotte de Christophe Colomb je dis : « Les voiles du découvreur de l'Amérique », il est clair que les deux objets désignés dans cette expression sont indiqués de façon oblique. /Voiles/ est un type particulier de synecdoque qui désigne le tout par une de ses parties ; /découvreur de l'Amérique/ est une métonymie et désigne une personne par le moyen d'un de ses actes. (Passons sur le fait que cette figure est également une antonomase : Colomb est désigné comme le découvreur de l'Amérique par excellence.) Ces deux figures se soutiennent et reçoivent leur signification d'une connexion qui, par un rapide travail de l'intelligence, nous fait passer d'une entité à une

52

autre entité voisine, et nous autorise à comprendre « navires » à la place de /voiles/ et « Colomb » à la place de /le découvreur/. Ce processus est-il si différent de celui par lequel je passe d'un effet à sa cause ?

On pourrait dire que les figures de rhétorique sont des signes éminemment complexes, et qu'ils impliquent un travail intellectuel là où les signes normaux comme /cheval/ ne réclament pas d'efforts particuliers d'inférence. Pensons alors au sens du mot /cheval/ dans le contexte suivant : /cet aviateur est très à cheval sur les règlements du club ; cela ne l'a pas empêché de faire un cheval de bois hier/. Dans aucune de ces deux occurrences, /cheval/ ne désigne l'animal que nous connaissons bien. Et cependant il ne s'agit pas de simples homonymies, comme quand on utilise /son/ dans le sens de « sensation auditive » ou dans le sens de « mouture de céréales ». Je dois comparer le signe aux autres signes du contexte, et choisir un des deux sens possibles (cfr par. 3.8.) et ainsi fournir un travail d'interprétation. Peut-être l'exemple est-il des plus grossiers, mais on pourrait en élaborer de plus complexes, où l'expression serait d'un haut degré d'ambiguïté et de polysémie (on peut penser ici aux jeux d'esprit du genre des devinettes, ou aux cryptographies mnémotechniques).

Dans les cas de ce genre, le processus de signification est assez proche du processus d'inférence que Peirce appelait abduction.

2.3. Troisième critère : le degré de spécificité sémiotique (ou : signes dont le signifiant se prête à un usage non sémiotique)

2.3.1. La distinction précédente nous a appris qu'il existait des signes naturels et des signes artificiels, et que les premiers pouvaient être considérés comme signes parce qu'on pouvait les interpréter comme tels sur la base d'un système de conventions établies. Mais, une fois admis que tous les éléments naturels peuvent être interprétés comme signes, pouvons-nous aussi interpréter comme signes *tous* les objets artificiels ? On peut accorder immédiatement que certains de ces objets artificiels sont produits dans le seul but de signifier (c'est le cas de la parole et des panneaux routiers), et que d'autres (quoique étant éminemment artificiels), ne semblent pas être construits dans le but de communiquer (une automobile, une fourchette, une maison, un vêtement, un réveil). Lorsque Saussure avait élaboré le projet d'une discipline générale qui étudierait la « vie des signes au sein de la vie sociale », il n'avait guère en vue que les signes non verbaux spécifiquement conçus comme signes, ainsi les sonneries militaires, les marques de politesse, l'alphabet des sourds-muets.

2.3.2. Les tendances actuelles de la sémiotique mènent cependant à inclure dans la classe des signes tous les aspects de la culture et de la vie sociale, y compris les objets : « La fonction se pénètre de sens ; cette sémantisation est fatale : *dès qu'il y a société, tout usage est converti en signe de cet usage :* l'usage du manteau de pluie est de protéger contre la pluie, mais cet usage est indissociable du signe même d'une certaine situation atmosphérique ; notre société ne produisant que des objets standardisés, normalisés, ces objets sont fatalement les exécutions d'un modèle, les paroles d'une langue, les substances d'une forme signifiante. » (Barthes, 1964 : 39)

Le *signe-fonction (ou signe-objectuel)* est devenu un des chapitres les plus importants de la sémiotique contemporaine. La *proxémique* (Hall, 1966) nous explique comment une certaine différence entre deux êtres humains, distance mesurable en mètres et en centimètres, signifie une certaine attitude sociale. Dès lors, construire un meuble de bureau qui incorpore cette distance (par exemple, en obligeant mon interlocuteur à s'asseoir à un mètre ou à trois mètres de moi) constitue déjà un acte signifiant : le bureau me *dit* si je suis en train de parler avec le p.-d.g. ou avec un petit employé.

2.3.3. Plusieurs chercheurs ont postulé l'existence d'une sémiotique des objets de la société de consommation (Moles, 1969 ; Baudrillard, 1968). L'architecture (*cf.* Eco, 1968 ; De Fusco 1969, Koenig, 1970) est aujourd'hui étudiée comme un système de communication. Pour certains, un objet isolé (comme un escalier ou une porte) communique la fonction qu'il rend possible, et la communique même si cette fonction n'est pas actualisée (si je vois une porte fermée, je décide de ne pas passer, au lieu d'essayer de me casser le nez dessus).

Mais précisément à propos de l'architecture on fait remarquer qu'elle peut être signifiante de deux manières (Eco, 1968) : l'objet architectonique renvoie à une *fonction première* (passer, s'asseoir, sortir, entrer, etc.), que l'on pourrait interpréter comme une signification non intentionnelle, au sens des signes naturels, vu que l'intention primaire de celui qui a construit l'objet était selon toute vraisemblance de permettre avant tout cette fonction, et non de la signifier (ce point est cependant à discuter) ; en second lieu, l'objet architectonique a presque toujours *une fonction seconde.* Ici, les caractéristiques sémiotiques de l'objet sont plus évidentes, comme c'est le cas lorsqu'un escalier est construit avec une rampe somptueuse et sculptée, quand un siège se complique de marqueterie et accentue certaines caractéristiques des accoudoirs et du dossier au point d'accéder à la dignité de trône (et ceci jusqu'à la perte de la fonction primaire qu'est la « sédibilité »). Dans certains cas, la fonction seconde prévaut ainsi au point d'atténuer ou d'éliminer entièrement la fonction primaire.

Le même genre de phénomène s'observe avec les vêtements, les automobiles, et tous les objets d'usage quotidien. Un froc a de toute évidence une fonction primaire (il couvre le corps et le protège du froid) mais son usage par les ordres religieux lui a donné des fonctions secondes : il servira par exemple à distinguer un dominicain d'un bénédictin. Le tutu d'une ballerine a des fonctions primaires très réduites et même presque négatives (il sert à découvrir aussi bien qu'à couvrir), et emphatise ses fonctions secondes jusqu'à l'hyperbole.

2.3.4. A la lumière de ces observations, ce paragraphe et le précédent (2.2.) débouchent sur une nouvelle classification des signes :

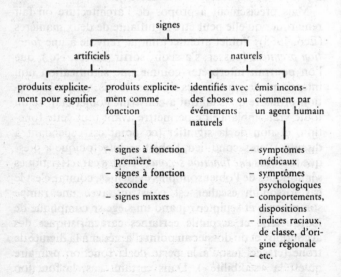

signes

artificiels — naturels

produits explicitement pour signifier | produits explicitement comme fonction | identifiés avec des choses ou événements naturels | émis inconsciemment par un agent humain

– signes à fonction première
– signes à fonction seconde
– signes mixtes

– symptômes médicaux
– symptômes psychologiques
– comportements, dispositions
– indices raciaux, de classe, d'origine régionale
– etc.

2.4. Quatrième critère : l'intention et le degré de conscience de l'émetteur

2.4.1. Un individu peut exhiber des signes de virilité guerrière (uniformes militaires, armes, cheval : ces signes sont produits comme fonctions et utilisés comme significations de fonctions secondes) et cependant *trahir ou exprimer* un excédent chez lui d'hormones féminines. De la même manière, un vantard racontant qu'il descend des Plantagenêt peut parler en utilisant des termes raffinés, et raconter ses nombreux dîners à la cour d'Angleterre tout en révélant ses origines roturières à travers une prononciation populaire (*cf.* par exemple Buyssens, 1943 : 11-12). Pour cette raison, certains ont distingué signes *communicatifs* (émis intentionnellement et produits ayant la qualité d'instruments artificiels) et signes *expressifs* (émis spontanément, sans intention de communiquer et révélateurs d'une disposition d'esprit). Les premiers seuls seraient codifiés (c'est-à-dire qu'il existerait des règles établissant une correspondance conventionnelle entre signifiant et signifié), les seconds ne seraient compréhensibles que par l'intuition et échapperaient à toute codification... Il suffit cependant de penser qu'un acteur peut imiter la démarche d'un efféminé, celle d'un aristocrate, l'allure ou l'éloquence d'un ecclésiastique, pour démontrer que ces signes sont d'une certaine manière codifiés : ils peuvent être émis intentionnellement comme des instruments artificiels destinés à transmettre une information, et dès lors à communiquer. Cependant, dans la vie de tous les jours, beaucoup de gens émettent des « signaux » de ce genre sans en être conscients et ce sont les autres qui les interprètent. Ceci autoriserait à classer parmi les signes naturels les événements qui peuvent être pris pour des signes, comme les symptômes médicaux, même si la fonction communicative de ceux-ci peut aisément être falsifiée, ainsi que le savent les jeunes gens qui tentent de se faire réformer lors de leur incorporation.

Il reste toutefois un fait très évident : lorsque je *trahis* mon impatience à travers un geste inconsidéré, quelqu'un le « *lit* » comme signe de l'impatience que j'ai « laissé *transparaître* ».

2.4.2. Si nous considérons que les signes peuvent être émis ou reçus volontairement (+) ou involontairement (—) de la part de l'Emetteur (E) ou du Destinataire (D), et si nous considérons que ce dernier peut attribuer à l'Emetteur une Intention (IE) volontaire ou involontaire, nous obtenons une série de combinaisons qui sont reprises dans la matrice suivante :

	E	D	IE
1.	+	+	+
2.	+	+	—
3.	+	—	(+)
4.	+	—	(—)
5.	—	+	+
6.	—	+	—
7.	—	—	(+)
8.	—	—	(—)

Malgré le caractère abstrait de cette matrice, nous constatons aisément que chacun des cas correspond à une situation significative ou communicationnelle possible :

1. Un acteur imite la démarche d'un malade souffrant d'arthrite et le spectateur reconnaît effectivement qu'il y a là représentation volontaire d'un arthritique.

2. Un simulateur imite la démarche d'un arthritique et sa victime le prend pour un véritable arthritique qui trahit sa maladie de manière involontaire.

3. Pour prendre congé d'un importun, je tambourine nerveusement avec les doigts sur mon bureau ; ledit

importun ne perçoit pas volontairement le signe (et dès lors il ne peut pas se demander si je l'ai émis volontairement ou non) mais il ressent un certain malaise et comprend qu'il se fait tard. Dans le cas des signes interprétés volontairement, il est cependant difficile de décider si leur compréhension doit être dite « involontaire » ou « située à un niveau subconscient ». Ce dernier cas ne serait pas tellement différent de celui où *j'entends* un mot, mais sans *l'écouter,* sans pouvoir éviter de percevoir le stimulus significatif, alors même que je ne puis l'identifier que bien plus tard. La psychanalyse connaît bien des cas de ce genre. Nous dirons que le caractère volontaire de la réception, importante en psychologie, n'a pas d'incidence sur la définition du signe comme tel, à partir du moment où celui-ci est émis pour signifier. Ceci n'exclut nullement que l'importun dont nous parlions se rende compte plus tard qu'il a reçu un message et puisse même identifier ce message comme volontaire.

4. Ce cas est identique au précédent du moins si l'on admet ceci : le destinataire ne recevant pas consciemment le message, il ne peut se poser de problèmes sur mon intention (sauf à penser plus tard que j'émettais moi-même involontairement des symptômes d'impatience).

5. En parlant avec le même importun, je ne me rends pas compte que je suis en train de trahir mon impatience en tambourinant avec mes doigts. Le personnage reçoit cependant le message, pense qu'il est intentionnel, et s'en va. Nous sommes dans la situation du symptôme (un signifié est attribué à un événement), mis à part le fait que mon interlocuteur identifie une intention inexistante.

6. Le patient étendu sur le divan du psychanalyste laisse échapper un lapsus. Le psychanalyste interprète ce lapsus comme un signe doté d'un signifié (le code est fourni au psychanalyste par son expérience ; ce code peut attribuer

de très nombreux signifiés au signifiant, mais le psychanalyste le décode par référence au contexte), tout en sachant que le patient ne songeait pas à exprimer cette signification. Un autre cas, souvent rencontré en psychanalyse, peut être celui où le patient raconte un rêve, croyant que ce rêve signifie une certaine chose alors que le psychanalyste l'interprète comme le signe d'une tout autre situation. Si l'on exclut l'erreur de l'Emetteur, la situation est analogue à la précédente. Comme dans ce cas, le signe peut être plurivoque et son interprétation dépendra du contexte, de sorte que le psychanalyste doit ici fournir un travail d'herméneute. Mais au fond sa discipline lui fournit des codes prévoyant les différentes ambiguïtés possibles et assez exacts pour lui permettre de les énumérer toutes. « Il peut se faire que quelqu'un utilise un symbole et, cependant, "ne soit pas conscient de son signifié". Si nous laissons de côté les cas dans lesquels quelque chose n'est pas un signe pour l'individu qui le produit, mais est seulement un signe expressif pour quelqu'un d'autre qui l'interprète, il peut se faire que l'individu pour lequel quelque chose est un signe, puisse ne pas savoir que c'est un signe, ne pas signifier que le signe est un signe et ne pas être en état de formuler la signification de celui-ci. Il est compréhensible que dans de pareils cas on dise que le signe a un signifié, mais que la personne ne "connaisse pas" celui-ci, et que des expressions comme "signe inconscient", "signifié inconscient" ou "processus mental inconscient" puissent être interprétées avec une certaine élasticité. Ce que le freudisme a fait, a été de proposer une théorie sur les raisons pour lesquelles une personne peut trouver des difficultés à formuler la signification de certains des signes qu'elle émet elle-même, tout en s'opposant à ce que cette formulation soit faite par elle-même ou par les autres... Les symboles freudiens sont principalement des icônes et sont comme tels à même de dénoter des objets qui leur ressemblent sous certains rapports seulement (rêves de vol symbolisant le pénis en érection ; rêves sur des livres ouverts symbolisant les parties génitales féminines, etc.), ces icônes représentant un cas particulier de signes métaphoriques, chaque fois que certains processus à l'intérieur de l'individu font obstacle à, ou rendent difficile la reconnaissance de ce que la signification métaphorique fournit au sujet une satisfaction partielle d'un désir irréalisé » (Morris, 1946 : 396).

7. Cas analogue à celui du point 3. En parlant avec l'importun, je trahis mon impatience en tambourinant. L'autre perçoit inconsciemment le signal et s'en va. Plus tard, en repensant à la conversation, il se rend compte qu'il avait reçu un message et prend celui-ci pour intentionnel. Dans le cas n° 3, il avait raison, ici il a tort.

8. Cas analogue soit au point 4, soit au précédent, mis à part que l'importun, en repensant à la conversation, pense que j'ai trahi mon impatience involontairement et interprète mon comportement comme un symptôme. Dans la figure numéro 4, il avait tort, ici il a raison. Ce dernier point est cependant susceptible d'une autre interprétation : je trahis mon impatience, l'importun ressent un malaise, s'en va, et ne se rend compte ni tout de suite ni par après de ce qui s'est réellement passé. Une telle situation, très fréquente dans les rapports psychologiques quotidiens, ne concerne nullement un discours sur les signes, parce que nous ne savons pas s'il y a eu situation sémiotique ou non, s'il y a eu un simple rapport stimulus-réponse, ou s'il s'est produit quelque chose sur quoi la psychologie, et non la sémiotique, devrait se pencher.

Les rapports interpersonnels se nourrissent à chaque instant de pareils échanges de signification. La preuve de l'utilité de cette matrice est qu'elle peut être employée sciemment pour inventer diverses situations dramatiques fondées sur l'équivoque, l'incompréhension, situations qui peuvent porter sur l'une ou sur l'autre des combinaisons ou encore qui les prendraient toutes en compte. Si l'on comparait cette matrice à l'ensemble des comédies à quiproquo, on verrait qu'elle fournit un inventaire exhaustif des diverses situations dramatico-comiques, en exprimant de manière abstraite les atteintes fondamentales que ces situations portent au rapport interpersonnel, qu'on les doive à Plaute ou à Antonioni. On peut lire sur ce point les études d'Erving Goffman (Goffman, 1963, 1967), qui se situent au confluent de la sémiotique, de la psychologie et de la sociologie.

2.4.3. Si on réexamine le point 2, on voit qu'il peut arriver que le simulateur feigne une certaine situation et que la victime croie que le simulateur est authentiquement arthritique, en lui attribuant un comportement involontaire. Mais il peut également arriver que l'acteur imite ce symptôme afin que le spectateur interprète son comportement comme feint, et que celui-ci croie pourtant que l'acteur est réellement arthritique. Nous devons en déduire que, symétriquement à l'Intention que le Destinataire attribue à l'Emetteur, il faut faire une place à l'Intention que l'Emetteur voudrait que le Destinataire lui attribue (IED). La matrice se compliquerait alors de la manière suivante :

IED	E	D	IE
+	+	+	+
+	+	+	−

et ainsi de suite, avec de nombreuses combinaisons possibles. Par exemple, − + + + serait le schéma du simulateur démasqué, − + + − celui du simulateur qui a réussi.

Mais un tel calcul n'aurait plus rien à faire avec le problème du caractère volontaire et involontaire des signes et deviendrait un problème de pragmatique, ou mieux, un problème relevant d'une *sémiotique de la simulation*. En effet, nous sommes ici confrontés au problème de l'Intention que l'Emetteur veut que le Destinataire lui attribue, et c'est là un problème qui concerne l'effet pratique des signes et la façon dont l'Emetteur peut utiliser le signe à des fins persuasives. C'est donc un problème de rhétorique, et la rhétorique n'est pas du ressort de la sémiotique du signe, mais bien de la sémiotique du discours. C'est pour cela que l'on peut avancer que ce type de rapport ne change pas la nature du signe, mais qu'il restreint même le champ de recherche aux seuls signes volontaires et artificiels : ici, toutes les combinaisons du type $+ - + +$ (celles qui comportent un $-$ en seconde position) sont privées de sens, car si l'Emetteur produit un symptôme involontaire, il ne peut pas désirer que le Destinataire lui attribue une quelconque intention. Bien évidemment, si ce problème n'est pas pertinent pour une définition du signe, il le reste pour la définition des discours persuasifs comme le sont les discours politiques, religieux, la rhétorique de la presse et de la télévision, la tactique amoureuse, et ainsi de suite. Par exemple la situation connue sous la formule « est vainqueur en amour celui qui prend la fuite » se fonderait sur le modèle $- + + -$, renvoyant à la simulation couronnée de succès.

2.5. Cinquième critère : le canal physique et l'appareil récepteur humain

2.5.1. Sebeok, qui, plus que tout autre, a consacré une attention systématique aux systèmes de signalisation les plus périphériques, a élaboré une classification complexe distinguant les signes selon le canal matériel qui sert à les transmettre :

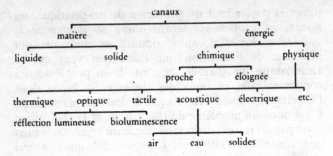

2.5.2. D'autres auteurs préfèrent cependant distinguer les moyens de communication en se limitant aux canaux sensoriels, c'est-à-dire à la façon dont l'homme reçoit certains signes. On obtient dès lors une classification qui tient compte de l'appareil physiologique avec lequel le destinataire humain *reçoit* certains signaux en provenance des canaux définis ci-dessus, et les transforme en messages :

odorat : c'est de cette catégorie que relèvent différents symptômes et indices (l'odeur de la nourriture comme signe de la présence de cette nourriture), quelques signes artificiels et intentionnels (les parfums, utilisés pour indiquer la propreté corporelle, le statut social, la disponibilité érotique, etc.), et les odeurs utilisées par les animaux dans un but d'attirance ou de répulsion (elles sont l'équivalent de gestes injonctifs, du type « viens ici » ou « va-t-en »);

tact : les signes de l'alphabet Braille, les gestes des doigts avec lesquels communiquent les aveugles, sourds et muets, etc., relèvent de cette catégorie;

goût : on a souligné à suffisance (*cf.* Lévi-Strauss : 1964) que la cuisine est également un moyen de communication ; une saveur typique peut être un indice de la nationalité du plat ; de plus rien n'exclut que, dans certaines situations bien déterminées, on puisse décider d'utiliser une nourriture sucrée ou salée, douce ou amère, pour communiquer intentionnellement un message ;

vue : dans cette catégorie entrent de nombreux types de signes, des images aux lettres de l'alphabet, des symboles scientifiques aux diagrammes ;

ouïe : les signaux acoustiques de différents types et, les plus importants de tous, les signes du langage verbal.

2.5.3. Eric Buyssens, qui a étudié ces catégories de signes en les appelant *sémies,* a observé que les signes auditifs semblaient être privilégiés en ceci qu'ils ne requièrent pas la proximité de la source (comme c'est le cas pour les signes tactiles et gustatifs), qu'ils ne requièrent pas la présence de la lumière (comme les signes visuels), et qu'ils jouissent d'une grande capacité d'articulation (à la différence des signes olfactifs). En second lieu viennent les signes visuels, qui ont la capacité de se conserver dans le temps *(verba volant, scripta manent) ;* ce n'est donc pas par hasard si la civilisation s'est développée en utilisant d'abord les signes auditifs et ensuite les signes visuels. Les scolastiques définissaient l'ouïe et la vue comme des sens *maxime cognoscitivi,* et ils auraient pu ajouter *maxime communicativi.* Mais de nombreux auteurs *(cf.* Hall : 1966) font observer que notre vie sociale se fonde, aujourd'hui encore, sur une quantité de signes qui ne sont pas reconnus comme tels, comme par exemple les signaux thermiques (nous reconnaissons les dispositions émotives de la personne avec laquelle nous dansons à travers les variations de température de son corps) et olfactifs (le fait de diriger ou non son haleine sur l'interlocuteur distingue un Méditerranéen d'un Américain, cultiver ou censurer ses odeurs corporelles devient discriminant si l'on veut être admis dans une communauté hippie ou dans un club d'hommes d'affaires, et ainsi de suite). De nombreuses sociétés secrètes inventent des signes de reconnaissance qui peuvent consister en signaux tactiles imperceptibles... D'autre part, il existe, à l'intérieur même des sémies visuelles et auditives, des secteurs qui n'ont été explorés par la sémiotique que depuis peu : on estimait naguère que les signaux tracés avec un crayon et les paroles articulées étaient bien des signes, mais on refusait ce statut de signes organisés aux gestes ou aux intonations de la voix. Cependant, aujourd'hui, une discipline comme la *kinésique* (Sebeok, Bateson, Hayes : 1964) classe et analyse une infinité de langages gestuels, dont certains sont codifiés et conventionnalisés à l'extrême (comme le langage gestuel des trappistes), d'autres étant apparemment plus spontanés. C'est dans cette seconde catégorie qu'on rangera la gestualité méditerranéenne. Pensons à la précision avec laquelle un Napolitain peut dire, avec de simples gestes, qu'il est perplexe, qu'il devient fou, qu'il est sexuellement intéressé, exprime son mépris, l'interrogation, la résignation, et pensons aussi combien la gestualité est différente selon que son auteur est Suédois ou Indien. D'autre part, une discipline comme la *paralinguistique* (Trager : 1964) classe les intonations de voix, les variations prosodiques, les accents. Non seulement ces artifices ont le plus souvent une valeur décisive quant à l'interprétation des énoncés (il n'y a que l'intonation qui puisse établir si mon /viens ici/ est un ordre ou une imploration) mais encore ils peuvent être des traits autonomes, servant à distinguer la valeur d'une émission verbale : dans certaines langues orientales, ce que nous croyons être le même son, prononcé à des niveaux de ton différents, représente deux « mots » différents.

2.5.4. On ajoutera enfin qu'à l'intérieur d'un même véhicule sensoriel différentes sémies peuvent coexister. Ainsi, à l'intérieur du canal visuel, on peut distinguer deux grandes sémies : les gestes et les graphèmes écrits ; mais même au niveau des graphèmes, nous pouvons considérer le signe /a/ tantôt comme l'équivalent d'une émission phonétique (qui fonctionne, par exemple, dans l'articulation du mot /âne/), tantôt comme un symbole algébrique (par exemple dans l'expression écrite /a=b/, où /a/ signifie une entité mathématique). Nous pouvons alors dire que /a/ appartient à des titres différents à deux sémies, ou à deux codes distincts.

2.6. Sixième critère : le rapport au signifié

2.6.1. Les Anciens avaient déjà établi que le signifié d'un signe pouvait être *univoque ou plurivoque,* c'est-à-dire qu'un seul mot pouvait signifier différentes choses. Ils étaient ainsi arrivés à la classification suivante :

signes univoques, qui ne devraient avoir qu'un seul signifié, sans qu'aucune équivoque soit possible, comme c'est le cas pour les signes arithmétiques. L'excès d'univocité aboutit à la *synonymie,* dont il est question lorsque deux signes différents renvoient au même signifié ;

signes équivoques, qui peuvent avoir différents signifiés, tous perçus comme fondamentaux ; un exemple d'équivocité est *l'homonymie, où* le même signe a deux signifiés très différents ;

signes plurivoques, qui peuvent être tels par la force des *connotations* (c'est-à-dire qu'un second signifié prend appui sur le premier) ou par d'autres artifices rhétoriques, comme dans le cas des métaphores, et plus généralement des tropes, des doubles sens, etc. ;

signes vagues, dits aussi « symboles », qui entretiennent un lien vague et allusif avec une série imprécise de signifiés.

2.6.2. Ces distinctions sont à l'œuvre dans certaines classifications sémantiques (par exemple, dans l'organisation des dictionnaires) : dire que /grenade/ peut signifier soit un type particulier de fruit, soit une arme offensive, est indubitablement mettre en lumière un cas d'homonymie. On admet cependant que dans un tel cas nous n'avons pas affaire à un signe unique doté de deux signifiés, mais à deux signifiés exprimés chacun par une forme signifiante identique. Et si l'on définit le signe comme l'union d'un signifiant et d'un signifié, nous avons alors affaire à *deux* signes distincts, qui ont *une* propriété en commun. L'homonymie va donc plus loin qu'une différence d'acception : par exemple, le terme /signe/ a tout simplement de nombreux *sens* possibles. Mais il faut se demander si *tout* signe ne peut pas avoir de nombreux sens possibles. Dans un tel cas, il n'existerait pas de signes univoques.

2.6.3. A la rigueur, on peut même dire qu'il n'existe pas de véritables synonymes : lorsque le même signifié est apparemment exprimé par deux signifiants différents, nous sommes en réalité toujours en présence de nuances différentes : /revolver/ n'est pas du tout synonyme de /pistolet/ mais il peut être utilisé dans ce sens, et /aéroplane/ n'est synonyme de /avion/ que pour celui qui ne tiendrait pas compte des *connotations stylistiques* implicites dans le premier terme (qui sent encore sa conquête de l'air).

2.6.4. Il y a en fait des signes qui semblent absolument univoques, comme certains opérateurs mathématiques, ou les nombres et les symboles algébriques : en vérité ces symboles ne sont que syntaxiquement univoques à l'intérieur d'une convention donnée (opérations entre fractions ou opérations entre nombres entiers, etc.), mais, sémantiquement parlant, ils sont ouverts à toutes les significations possibles, et en logique symbolique ils valent même comme variables libres. Le maximum d'univocité correspond ainsi au maximum d'ouverture. C'est de la même manière que les noms propres de personnes sont absolument univoques, opposés en cela à la généralité des noms communs : mais le nom /Jacques/ est applicable (et est en effet appliqué) à tant de personnes qu'il constitue plutôt un exemple d'homonymie, et dès lors d'équivocité.

2.6.5. Quant aux *signes vagues* ou symboles (au sens poétique) ils ont été définis au cours de l'histoire de la pensée d'une manière si ambiguë et si variable, qu'il est impossible de les identifier avec exactitude. Goethe (*Sprüche in Prosa* : 742) dit que : « Le symbolisme transforme l'expérience en idée et l'idée en image, de façon à ce que l'idée contenue dans l'image reste toujours active et hors d'atteinte, et, alors même qu'elle serait exprimée dans toutes les langues, reste inexprimable ». Une telle définition implique en toute rigueur que les prétendus symboles ne seraient pas de véritables signes, mais seulement des stimuli visant à susciter une collaboration particulièrement inventive de la part du Destinataire.

En vérité, le symbole, du moins en tant que « symbole poétique », n'est pas un type de signe particulier : c'est l'effet d'une stratégie textuelle. Tout signe — un mot, une phrase, un panneau routier, une image — peut se voir affecté d'une valeur « symbolique » dans un texte donné. Le symbole poétique doit donc être étudié dans le cadre d'une théorie du texte, et il en va d'ailleurs de même pour toutes les figures de rhétorique, comme la métaphore ou l'allégorie. De sorte que la question excède les limites du présent livre (voir le chapitre *Symbole,* dans Eco, 1984).

Mais si l'on entend par symbole certains emblèmes comme la Croix, le Lotus, le Mandala, il s'agit *d'icono-grammes,* qui sont tantôt très codifiés, tantôt utilisés de manière très polysémique, placés qu'ils sont au croisement de codes différents. D'autres fois, il s'agira de signes naturels que l'usager cherche à engager dans un code sans pour cela vouloir en rendre l'usage stable et obligatoire.

2.6.6. Il faut faire une place, dans la taxinomie, aux signes qui renvoient à d'autres signes. On parle alors de *sémies substitutives.*

Le bon sens admet aisément qu'il y a une différence entre l'émission verbale /cheval/, le mot écrit /cheval/ et le signal qui, en morse, permet d'émettre /cheval/. Il n'y a que la parole émise verbalement qui renvoie à un signifié « mental » ou à une « chose ». Le mot écrit renvoie, lui, au mot verbal ; quant au signal en morse, il ne renvoie même pas directement au mot écrit : dans ce cas, ce sont des signes isolés (lignes et points) qui signifient les lettres de l'alphabet écrit, lesquelles se combinent ensuite entre elles suivant les lois du code du langage écrit. Cependant, le code du langage écrit prévoit des règles de combinaison entre lettres qui ne sont pas du tout homologables aux règles de combinaisons entre phonèmes du mot verbal. Par exemple, le langage écrit peut représenter un seul phonème /ẽ/ par un ensemble de deux ou trois lettres de l'alphabet (*in, ain, ein,* etc.), ou encore représenter deux phonèmes distincts par la même lettre : ainsi, le phonème /z/ peut être tantôt transcrit /s/, tantôt /z/ (/case/ et /zut/) ; quant à la lettre /c/, elle a une valeur dans /cent/ et une autre dans /racle/.

De sorte que l'on peut dire que le morse est parasitaire par rapport au langage écrit et que celui-ci est également parasitaire, quoique dans une autre mesure, par rapport au langage parlé (mettons à part le cas du discours à forte connotation stylistique, où le fait d'être écrit plutôt que parlé impose des choix et des effets particuliers).

Le langage de la notation musicale est normalement parasitaire par rapport à celui de la musique. Les sémies que Buyssens appelle *substitutives* ne doivent cependant pas être confondues avec les *métalangages,* qui sont des langages utilisés non pour signifier les éléments d'un autre langage mais pour analyser les lois constitutives du langage-objet.

2.6.7. On peut résumer toutes les distinctions qui viennent d'être examinées dans le schéma suivant :

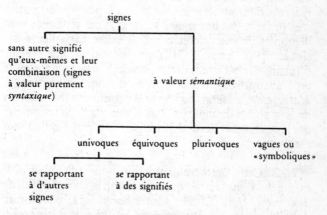

(Pour une autre solution, voir le chapitre IV.)

2.7. Septième critère : la reproductibilité du signifiant

2.7.1. Dans la classification qui suit, nous identifierons les *signes intrinsèques,* qui utilisent comme signifiant une partie de leur référent. On pourrait cependant aussi isoler des signes qui n'ont pas comme signifiant leur référent (ou une partie de celui-ci) mais à l'inverse ont leur signifiant pour référent : que l'on pense à une pièce de monnaie en or qui signifie « x grammes d'or ». On ne peut pas nier que cette monnaie soit un signe à partir du moment où elle vaut pour tous les biens que l'on peut acquérir avec cette monnaie. Mais elle vaut aussi et surtout pour la valeur du matériel dont elle est faite. A l'opposé, on trouverait le mot, qui est utilisable à l'infini sans que se pose le problème de la quantité de mots disponibles.

2.7.2. Cette distinction pose un autre problème : il y a des signes où l'on doit distinguer d'une part un type abstrait, que personne ne peut jamais avoir vu, et des *reproductions* matérielles, les seules à pouvoir être utilisées (c'est le cas des signes verbaux) ; ces répliques sont démunies de valeur d'échange. Il existe par ailleurs des signes dans lesquels la reproduction a une valeur d'échange (c'est le cas des monnaies), et des signes où le type abstrait original et la reproduction coïncident (le *Mariage de la Vierge* de Raphaël est indubitablement un de ces signes complexes qui d'une part communique quelque chose et dont, d'autre part, il n'existe qu'un seul exemplaire).

2.7.3. Cette dernière distinction nous amène au problème des signes esthétiques qui (selon la classification de Jakobson, *cf.* § 2.10.3.) sont *autoréflexifs ;* c'est-à-dire qu'ils signifient surtout (ou *aussi, ou par-dessus le marché*) leur organisation matérielle spécifique : si le tableau de Raphaël n'est pas reproductible, c'est parce qu'il ne signifie pas seulement « cérémonie nuptiale hébraïque, se déroulant devant un temple, et au cours de laquelle des prétendants déçus brisent des verges sur leurs genoux, etc. », mais parce qu'il concentre l'attention du spectateur sur le grain particulier de la peinture, sur les nuances *sui generis* des couleurs (nuances maladroitement copiées par les reproductions du commerce), sur la présence de la toile, avec sa texture particulière, et ainsi de suite. L'œuvre d'art est ainsi un signe qui communique également la manière dont elle est constituée.

2.7.4. Deux distinctions parallèles proposées par Peirce (2.244-46 et 4.537) peuvent nous tirer d'embarras dans cette classification :

Qualisigne (ou *Ton*); il s'agit d'une « qualité qui est un signe », un caractère significatif comme le ton de la voix, la couleur et l'étoffe d'un vêtement, etc.

Sinsigne (ou *Token*), où *sin* représente le latin « semel » : « une chose ou un événement doté d'une existence réelle, qui est un signe ». C'est une réplique du modèle abstrait ou *Légisigne (Type),* qui peut impliquer l'existence d'un Qualisigne. Il s'agit d'une occurrence concrète, comme c'est le cas des mots imprimés sur cette page, mots qui sont reproductibles à l'infini sur d'autres pages, à condition que l'on dispose de suffisamment d'encre. La présence de cette encre constitue le *Ton,* mais ce *Ton* ne caractérise pas l'occurrence, car les mots pourraient être écrits à l'encre rouge sans que cela affecte leur signification. Cependant, sur une affiche publicitaire ayant des prétentions esthétiques, la grandeur des caractères, leur forme et leur couleur pourraient revêtir une certaine importance, et le Sinsigne fonctionnerait donc aussi comme Qualisigne.

Légisigne (ou *Type*): c'est le modèle abstrait du Sinsigne, « une loi qui est un signe », le mot tel qu'il est défini avec sa valeur sémantique dans les dictionnaires. Nous connaissons les *Types* à travers les *Tokens,* mais « la réplique ne serait pas signifiante sans la loi qui la rend signifiante » (Peirce, 1978 : 139).

2.7.5. Arrivés à ce point, nous sommes en mesure de définir le signe artistique : c'est un Sinsigne qui est aussi un Qualisigne et comme tel doté d'une signification, même s'il utilise des Légisignes comme matériel.

Une pièce d'or est un Sinsigne fondé sur une convention légisignique, mais qui vaut en tant que Qualisigne (le Légisigne établit que le signifié du Sinsigne est son Qualisigne).

Un billet de banque est un Sinsigne dont le Légisigne établit l'équivalence avec une certaine quantité d'or : mais à partir du moment où cette reproduction est envisagée avec ses caractères qualisigniques (qui sont le filigrane, le numéro de série) elle devient d'elle-même un Qualisigne et est à ce titre non reproductible. On dira que l'or est un Qualisigne à cause de sa rareté alors que le billet de banque ne s'est vu attribuer une valeur que par un arbitraire légisignique : mais ce billet de banque est aussi un Qualisigne à cause de sa rareté, et l'or lui-même a été choisi conventionnellement comme étalon de valeur (on pourrait très bien l'abandonner au profit de l'uranium).

2.7.6. Nous pourrions résumer ainsi les distinctions dont il est fait état ci-dessus.

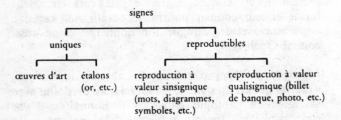

74

2.8. Huitième critère : le type de lien présumé avec le référent

2.8.1. Peirce, pour qui le signe entretenait des rapports précis avec l'objet de sa désignation, distinguait *Index, Icônes* et *Symboles*[1].

L'Index est un signe qui entretient un lien physique avec l'objet qu'il indique ; c'est le cas lorsqu'un doigt est pointé sur un objet, lorsqu'une girouette indique la direction du vent, ou une fumée la présence du feu. On peut aller jusqu'à ranger dans les index les pronoms démonstratifs comme /celui-là/, les noms propres, ainsi que les noms communs dans la mesure où ils sont utilisés pour indiquer un objet précis.

L'Icône est un signe qui renvoie à son objet en vertu d'une ressemblance, du fait que ses propriétés intrinsèques correspondent d'une certaine façon aux propriétés de cet objet. Comme Morris (1946 : 362) devait le dire plus tard, un signe est iconique dans la mesure où il possède les propriétés de son *denotatum*. De sorte que sont des icônes une photocopie, un dessin, un diagramme, mais aussi une formule logique et surtout une image mentale.

1. Le texte italien fait une nette distinction entre *indice* et *indizio :* la tache d'eau est un *indizio* de la pluie, alors qu'une flèche est un *indice*. Cette distinction, exploitée à plus d'une reprise (et particulièrement au tableau du § 2.8.7.), devait absolument être conservée. Sous l'amicale pression de l'auteur, nous l'avons donc traduite par *index et indice* (avec les adjectifs *indexical* et *indiciaire* qui correspondent à ces termes). Nous nous séparons donc sur ce point de la traduction française de Peirce la plus autorisée (1978) où les mots anglais *index* et *indexical* sont uniformément rendus par *indice* et *indiciaire* (n.d.t.).

Le Symbole, enfin, est un signe arbitraire, dont le rapport avec son objet est défini par une convention : l'exemple le plus frappant est celui du signe linguistique.

Cette triple distinction a été utilisée dans de nombreux travaux, au point qu'elle a parfois perdu le sens qu'elle avait dans la pensée de Peirce.

Le grand succès qu'elle a rencontré est dû au fait qu'elle semble bien satisfaire le sens commun. Mais si on la soumet à l'analyse, on ne tarde pas à s'apercevoir qu'elle prête le flanc à de graves critiques et qu'elle suscite des problèmes difficilement surmontables.

2.8.2. Ainsi, qu'est au fond un index ? Un signe qui a avec l'objet indiqué une connexion de *contiguïté* physique (le doigt pointé), ou une connexion *causale* (la fumée produite par le feu) ? Et cette connexion de type causal doit-elle s'établir immédiatement (fumée-feu) ou peut-elle s'accommoder d'un délai (traces — passage d'un homme) ? On a hasardé l'hypothèse que le symptôme différait des autres signes parce que, alors que le signe verbal *vaut* pour la chose désignée, la fumée ne vaut pas pour le feu mais se manifeste avec le feu (Lalande, *Dictionnaire de Philosophie).* On pourrait répondre que la fumée n'a le statut d'un signe renvoyant au feu que lorsque ce feu est invisible (si on voit le feu, on n'a aucun besoin d'en inférer l'existence à partir de la fumée) et que dès lors la fumée-signe n'existe qu'*en l'absence* du feu ; de la même manière, les traces de pas valent pour le pied lorsque le pied cesse d'être présent. L'unique exception à cette règle de l'absence d'objet serait le cas des signes indicateurs au sens strict (que nous appellerons *vecteurs),* comme le doigt tendu : ces vecteurs n'entretiennent pas de rapport causal avec l'objet mais fonctionnent seulement en présence dudit objet.

L'essentiel des signes que Peirce nomme Sinsignes indexicaux rhématiques (catégorie dont font partie les pronoms démonstratifs) se réfèrent rarement aux circonstances concrètes qui ont pour interprétant le doigt tendu. Ils constituent plutôt des *index contextuels* (que Peirce nomme *index dégénérés)* dont l'interprétant est la définition « Le terme précédemment nommé et lié à ce signe par une association sémantique correcte ». Aussi, dans un énoncé comme /Tu manges trop, et ça me déplaît/, le formant descripteur /ça/ ne mentionne pas un objet concret, mais renvoie à « Tu manges trop ».

Il n'y a guère qu'un cas parent de celui du doigt tendu. C'est celui des pronoms personnels. Une expression dans laquelle entrent des pronoms personnels a une *référence implicite constitutive*. Les linguistes ont nommé *shifters* ou *embrayeurs* ces pronoms personnels dont le signifié change selon le sujet ou les circonstances de la situation d'énonciation. /Je/ est un pronom, servant habituellement de sujet à l'énoncé, qui renvoie au sujet concret et particulier d'un énoncé. L'expression /Je voudrais une pomme/ est dotée d'un signifié dans lequel /Je/ signifie d'abord « Le sujet du présent énoncé » et en second lieu « Le sujet de l'énonciation ». /Je/ a pour référence ce sujet de l'énonciation, qui varie selon la personne prononçant la phrase. Le pronom personnel n'a pas exactement le même statut sémiotique qu'un doigt tendu, car celui-ci pourrait ne pas référer à un objet (je puis le pointer dans le vide), alors que /je/ se réfère toujours à la personne qui prononce la phrase. Ceci n'est pas infirmé par l'exemple du roman où un personnage dépourvu d'existence réelle dit /je/ : dans un tel cas, nous sommes en présence d'un index contextuel, renvoyant au nom apparu plus haut dans le contexte.

Autre différence : même dans le cas des références implicites constitutives, le pronom personnel a un signifié (par exemple /je/ signifie « Le sujet de l'énoncé est le sujet de l'énonciation »). Le doigt pointé, lui, a comme signifié « L'objet de la référence se trouve dans le prolongement, etc. » Ce qui fait bien de lui un signe. Mais le fait qu'on l'utilise pour mentionner l'objet de la référence implicite constitue à son tour un acte de référence, dans lequel la sémiose a une fonction, mais qui se situe en dehors du circuit de cette sémiose.

Nous appellerons *vecteurs d'attention* les signes comme l'index pointé ou /je/, /tu/ et /ça/, prononcés dans les circonstances précises où ils jouent le même rôle que le doigt pointé. Ce sont des signes métalinguistiques, établissant l'usage correct qu'on doit faire des autres signes concrètement émis. Un vecteur d'attention a toujours un signifié (de sorte qu'il peut être utilisé aussi dans des contextes où la référence est fictive) mais joue un rôle fondamental dans l'acte de référence, explicite ou implicite. Ce rôle consiste à signaler que l'attention du Destinataire doit se fixer sur un objet ou une situation particulière. L'acte sémique, qui aboutit à une référence, trouve son origine dans des faits d'attention et de volonté élaborant une perception. Or, la perception est en soi extra-sémiotique (à moins que pour s'élaborer, elle ne doive recourir aux processus sémiotiques décrits en 5.3.4.). De toute manière, indépendamment de l'acte de référence, les vecteurs restent des signes : ils possèdent en effet un signifié et c'est ce seul signifié qui élabore les règles permettant son utilisation dans l'acte de référence.

Les vecteurs sont ainsi des *identificateurs indicateurs* au sens où l'entend Morris (voir le § 2.9.3.), lequel rangeait le doigt pointé sur un objet dans cette catégorie. Ils en relèvent en ceci que l'identificateur « n'est pas simplement un moyen pour centrer l'attention de quelqu'un sur quelque chose, comme on pourrait le faire en tournant la tête dans une direction donnée, mais a un statut de signe, authentique quoique faible » (1946 : 110). Ils n'en relèvent pas si un signe n'est qu'« un stimulus préparatoire » : dans notre perspective en effet, tourner la tête est un pur comportement, alors qu'indiquer un objet constitue déjà un artifice métalinguistique.

Quant aux symptômes comme la fumée ou le pas, ils ne valent pas pour l'objet feu ou l'objet pied, mais bien pour les signifiés « feu » et « pied » correspondants, et cela autorise Peirce à aller jusqu'à dire que la trace peut être un symbole arbitraire, dans la mesure où elle vaut pour « être humain ».

Enfin, Peirce range aussi parmi les index ces photographies que le bon sens classerait parmi les icônes. Et, de fait, une photo ne se contente pas de représenter un objet, comme peut le faire un dessin, mais en constitue implicitement la *trace* et fonctionne donc comme la marque du pied d'un verre qui subsiste sur la table et témoigne de la présence « passée » de ce verre. (Sur la valeur indexicale des images cinématographiques, se reporter, par exemple, à Bettetini, 1971).

Cette remarque sur les index aide à comprendre un problème commun à tous les signes dont il est question dans ce paragraphe, à savoir que chacun de ces signes peut être pris tantôt comme un index, tantôt comme une icône et encore tantôt comme un symbole, selon les circonstances dans lesquelles il apparaît et l'usage auquel il est affecté dans la signification. Ainsi, je peux utiliser la photo historique représentant les fusillés de la Commune de Paris soit comme un symbole arbitraire et conventionnel pour « martyrs révolutionnaires », soit comme une icône, soit encore comme un index, au sens de « trace » témoignant de la véridicité d'un événement historique.

D'autre part, le statut de témoin des photos fait question ; elles peuvent de toute évidence être falsifiées par des techniques très variables, et ceci nous indique assez que le rapport de l'index au référent n'est pas aussi simple qu'il le paraissait à première vue.

2.8.3. Plus ambiguë encore est la définition de *l'icône*. Avant tout, l'icône ne possède pas toutes les propriétés de son dénoté, autrement, elle se confondrait avec ce dernier. Il s'agit donc d'établir des *échelles d'iconicité* (Moles : 1972) allant du caractère schématique d'une carte au mimétisme quasi parfait d'un masque mortuaire. Dans la classe des icônes, Peirce distingue ainsi les *images,* ressemblant à l'objet par certains caractères, les *diagrammes,* qui reproduisent certaines relations entre les parties de l'objet, et les *métaphores* dans lesquelles on ne perçoit qu'un parallélisme plus général. Mais dans les soi-disant images, nous pouvons déjà distinguer entre le faible iconisme d'une reproduction linéaire de la pyramide de Khéops et le « réalisme » mimétique de tel peintre hyperréaliste. Quant au « parallélisme » des métaphores, il aboutit à l'iconisme ambigu des symboles mystiques, dans lesquels le pélican devient une icône du Christ, parce que cet oiseau nourrirait ses enfants de sa propre chair ; mais on accordera aisément qu'il s'agit d'un parallélisme établi entre une certaine définition du Christ eucharistique et une autre définition, légendaire, du pélican.

Paradoxalement, la définition la plus satisfaisante de l'icône est précisément celle qui semble la nier en tant que signe : pour Morris, l'iconicité est parfaite lorsque le signe s'identifie avec son propre denotatum (j'ai toutes les propriétés de moi-même, bien plus que n'en peut retenir ma photographie). L'argument est moins paradoxal qu'il n'y paraît, parce que l'on peut et doit admettre que tous les objets à quoi l'on fait référence à travers la signification deviennent à leur tour des signes.

Nous aboutissons ainsi à une *sémiotisation du référent.*

2.8.4. Un cas exemplaire est celui des signes dits *ostentifs :* si pour demander un paquet de cigarettes (ou pour répondre à une question impliquant comme réponse

/un paquet de cigarettes/) je *montre* un paquet de cigarettes, l'objet est conventionnellement choisi comme signifiant de la classe dont l'objet est lui-même un membre. Mettons à part le fait que, dans ce cas, le signe n'est pas totalement iconique : en effet, il arrive fréquemment que certains aspects seulement de ce signe soient choisis comme représentatifs du signifié auquel je me réfère ; ainsi, lorsque je montre un paquet de cigarettes Gauloises non pour signifier « cigarettes désignées par la marque Gauloises » mais « cigarettes », d'une manière plus générale, j'exclus de la pertinence sémiotique certaines des qualités de l'objet qui ne correspondent pas aux propriétés visées de son signifié.

2 8.5. Dès lors, on pourrait dire que presque tous les signes ostensifs, sinon tous, sont des signes *intrinsèques* ou *contigus* (« intrinsically coded acts ») ; *cf.* Ekmann et Friesen, 1969 ; Verón, 1970, Eco, 1971). Il s'agit de signes qui renvoient à un objet à travers la mise en évidence d'une de ses parties. Prenons l'exemple de l'enfant qui joue avec un revolver imaginaire. Il peut pointer son index, avec le pouce en l'air et les autres doigts fermés : nous avons ainsi un signe iconique grossier dans lequel l'index imite le canon, le pouce le chien du pistolet, les autres doigts la crosse de l'arme. Mais le même enfant peut aussi fermer la main comme s'il avait un pistolet au poing et agiter l'index en le contractant, comme s'il pressait sur la gâchette. Dans un tel cas, l'enfant n'imite pas le pistolet, mais bien *une main qui tient un pistolet et tire*. Il n'y a pas de pistolet mais bien une main, qui accomplit le geste exact qu'elle produirait s'il y avait un pistolet. De la même manière, si je menace quelqu'un en agitant mon poing fermé, le poing peut être une icône ou un symbole. Mais si je feins de donner un coup de poing en arrêtant la main à quelques centimètres du visage de mon interlocuteur, je lui ai communiqué le signifié « coup

de poing » (ou plus exactement « je te donne un coup de poing »), en utilisant comme signe une partie du comportement que le signe désigne.

Ce type de signe a été décrit aussi bien par saint Augustin *(De Magistro)* que par Wittgenstein (1953).

2.8.6. Pas plus les signes ostensifs que les signes intrinsèques n'ont besoin du paramètre du référent pour être définis. En effet, il s'agit de signes conventionnels dans lesquels le signifiant est occasionnellement constitué d'une *substance* qui est la même que celle de l'objet qui interviendra éventuellement lorsque ces signes seront utilisés au cours d'un acte de référence concret (*cf.* § 5.3.5.). Il s'agit de signes *conventionnels :* si au restaurant je montre la bouteille de vin vide au garçon, celui-ci comprendra que je lui réclame une autre bouteille (c'est comme si j'avais dit /du vin/), mais dans une autre culture, ce geste pourrait représenter une invitation à boire. Il s'agit de signes *occasionnellement* constitués de la même substance que le référent possible, car je pourrais aussi signifier « cigarettes » en montrant une reproduction d'un paquet de cigarettes en plastique, ou un dessin.

Avec le dessin, nous retrouvons un type de signe qui peut être défini comme iconique. Mais, arrivé à ce point, il est clair que pour élaborer un signe iconique, certaines conditions sont nécessaires :

a) il faut que la culture ait défini des objets reconnaissables sur la base de quelques caractéristiques, ou *traits de reconnaissance.* On ne peut pas créer un signe iconique d'un objet inconnu : il faut d'abord que la culture ait défini un zèbre comme un quadrupède, ressemblant à un âne, et dont le poil est blanc et strié de noir, pour qu'ensuite je puisse exécuter un dessin où l'on reconnaîtra le zèbre ;

b) il faut qu'une seconde convention (de type graphique) ait établi la correspondance de certains artifices graphiques à certaines de ces propriétés, et que certains traits de reconnaissance de l'objet soient *absolument* reproduits pour que l'objet soit reconnaissable (je puis ne pas reproduire la queue ou les sabots du zèbre, mais, pour qu'il soit reconnaissable, il me faut en reproduire les rayures) ;

c) il faut enfin que la même convention ait établi les modalités de *production* de la correspondance perceptible entre traits de reconnaissance et traits graphiques. Quand je dessine un vase selon les lois de la perspective, je me réfère à certaines règles établies à la Renaissance *(la portula optica* de Dürer, et le modèle de la chambre obscure de Dalla Porta) pour *projeter* certains traits pertinents du profil de l'objet en certains points de la superficie d'une feuille, la convention établissant en l'occurrence que les variations de distance tridimensionnelles seront rendues par des variations de distance bidimensionnelles et des variations de grandeur ou d'intensité des différents points ou traits graphiques. Si un enfant décide de représenter un cheval à l'aide d'un balai sur lequel il se tient à califourchon, il décide de ne produire que deux des traits de reconnaissance du cheval, un trait de nature spatiale (la dimensionalité) et l'autre de nature fonctionnelle (la « cavalcabilité »). Le fait que le corps de l'enfant intervienne pour exprimer cette « cavalcabilité » nous pousse à ranger un signe de ce type dans la catégorie des signes intrinsèques (*cf.* Gombrich, 1963). Si je décide de représenter un drapeau rouge en plaçant dans un collage une petite pièce de l'étoffe dont est fait l'étendard, alors j'opère une *translation* de substance compliquée par une *projection* (en ceci que je réduis les dimensions de l'objet tout en maintenant sa forme).

On pourrait énumérer à l'infini de tels exemples ; la notion de signe iconique recouvre une grande variété d'opérations *productives* fondées sur des conventions et des opérations précises ; classer et analyser ces opérations est la tâche d'une théorie plus développée que celle que nous connaissons auiourd'hui et encore à venir.

2.8.7. Toutes les observations qui précèdent nous permettent de conclure : on ne peut distinguer signes *motivés* (comme les indices et les icônes, qui entretiendraient des rapports de ressemblance ou de continuité avec le référent) et signes *conventionnels* ou symboles. Même les index et les icônes fonctionnent sur la base d'une convention qui règle les modalités de leur production. De sorte qu'une icône n'est pas un signe ressemblant à l'objet qu'elle désigne parce qu'elle le *reproduit :* elle est plutôt un signe fondé sur des modalités particulières de *projection* (ostension, utilisation d'une partie de l'objet, translation, etc.) d'une impression perceptive qui, le plus souvent à travers le rappel d'autres expériences (tactiles, auditives, etc.), et par le jeu de processus synesthésiques complexes, est considérée comme « semblable » à celle qui a été éprouvée en présence d'un objet donné. Dès lors, les notions de ressemblance, de similitude, d'analogie, etc., ne constituent pas des explications de la spécificité des signes iconiques, mais sont plutôt des « synonymes d'iconisme », lesquels ne peuvent être distingués que dans l'analyse des différentes modalités *productives* des signes (sur ceci, voir le chapitre IV).

En fait, Peirce n'a jamais affirmé qu'un signe pouvait être un symbole, une icône ou un index. Comme on le verra en 2.11., sa classification est bien plus complexe et démontre que les signes que nous appréhendons comme expressions concrètes sont en réalité une combinaison de « types généraux et abstraits » dont ils rendent compte. Index, icône, symbole ne sont effectivement pas des types de signe, mais des catégories sémiotiques. Et lorsque Peirce traite des images que nous nommons « signes iconiques », il les nomme plutôt « hypoicons » ou « iconic representations ».

Un diagramme peut être une icône pour Peirce (parce qu'il présente des aspects iconiques notables), mais il met aussi en jeu des aspects symboliques et indexicaux importants. Le plan du métro de Londres constitue bien un artifice iconique qui imite les dispositions des lignes et de leurs correspondances, mais il est aussi le résultat d'une convention symbolique qui transforme le tracé des lignes réelles — même lorsqu'il est sinueux et accidenté — en lignes droites, de la même manière qu'il traduit le dédale des couloirs de chaque station par un simple disque de couleur.

2.9. Neuvième critère : le comportement que le signe induit chez le destinataire

2.9.1. Morris (1946 : p. 89 *sqq.*) a tenté d'établir une classification sur des critères behaviouristes, en définissant le signe de la manière suivante : « Signe : en bref, c'est une chose qui suscite un comportement relatif à un objet qui ne constitue pas un stimulus à ce moment-là. D'une manière plus précise, si A est un stimulus préparatoire qui — en l'absence de l'objet stimulateur donnant naissance à une réponse-séquence relevant d'une certaine famille de comportements — suscite, dans quelque organisme que ce soit, une disposition à répondre par le moyen de réponses-séquences de cette famille de comportements, alors A est un signe. Chaque objet satisfaisant à ces conditions est un signe ; nous laissons de côté le problème de savoir s'il existe des signes qui ne satisfont pas à ces conditions. »

La préoccupation behaviouriste de Morris, et son souci de ne pas définir le signe par le recours à un signifié fantasmatique ou à un « concept » (lequel ne connaîtrait qu'une vie purement mentale, et ne serait dès lors pas observable), l'amènent à confondre dangereusement le signe avec le *stimulus*. Dire que le signe est un stimulus préparatoire qui fonctionne en l'absence du véritable stimulus signifie qu'un signe est un stimulus qui se substitue à un autre stimulus, tout en produisant les mêmes effets. De sorte que si, par une étrange aberration, j'étais pris d'une violente nausée chaque fois que je vois une belle fille, un quelconque émétique acheté en pharmacie serait le signe valant pour la fille. Il est évident que Morris ne voulait rien dire de semblable, mais le caractère très restrictif de sa définition permet des extrapolations de ce genre.

2.9.2. En tout cas, quoique prenant la réponse comportementale comme paramètre de base, sa classification des signes possède une valeur indubitable et est une des plus articulée qui soit.

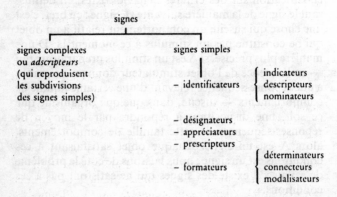

86

Ce petit tableau tente d'unifier les distinctions présentes dans le vaste discours analytique de Morris, et que l'on rassemble ici par grandes catégories.

2.9.3. Les *Identificateurs* sont assez semblables aux index de Peirce. Ils servent à diriger la réponse de l'interprète vers une certaine région spatio-temporelle. Ce sont des localisateurs qui s'unissent à des signes des trois types suivants pour préciser la chose qu'ils désignent, apprécient ou prescrivent. Ce sont des signes à l'état minimal, des *stimuli préparatoires.* Les *indicateurs* sont des identificateurs non verbaux, comme le doigt pointé. Les *descripteurs* sont des identificateurs linguistiques (Morris donne l'exemple /ce soir à dix heures/, mais on peut aussi faire rentrer dans cette catégorie un signe comme /là-bas/). Les *nominateurs* sont des identificateurs linguistiques qui se substituent aux autres signes linguistiques avec lesquels ils entrent en relation de synonymie : à travers l'exemple donné par Morris, on peut déduire que nous devons faire entrer dans cette catégorie les pronoms comme /celui-là/ (qui s'unissent alors à un indicateur) et les noms propres (le nom /Joseph/ renvoie à une situation spatio-temporelle sur laquelle je dois porter mon attention). Le signifié d'un identificateur est un *locatum.*

2.9.4. Les *Désignateurs* sont des signes qui renvoient aux caractéristiques d'une situation spatio-temporelle. Le signifié d'un désignateur est un *discriminatum :* on désigne une situation en mettant en évidence certaines propriétés capitales utiles à sa reconnaissance : /noir/, /plus haut/ sont des désignateurs. Les désignateurs peuvent être classés selon le nombre d'identificateurs requis pour compléter le signe complexe (adscripteur) dans lequel ils apparaissent : /noir/ est *monadique* (il suffit de dire que un x est noir) ; /il bat/ est *diadique (x bat y)* ; /donne/ est *triadique (x* donne *y* à *z*). Les désignateurs ne dénotent pas nécessairement un objet (on peut désigner un objet inexistant) : ils signifient un *significatum.*

2.9.5. Les *Appréciateurs* présentent une chose comme dotée d'un statut préférentiel relativement au comportement à élaborer. Leur signifié est un *valuatum.* Ils peuvent être *positifs* (/honnête/), *négatifs* (/lâche/), être *instrumentaires* ou *utilitaires* (lorsqu'ils induisent à l'utilisation d'un moyen) ou encore *accomplisseurs ou consommateurs* (lorsqu'ils induisent à la réalisation d'un objectif). Les exemples les plus convaincants fournis par Morris le sont en termes de signes complexes ou adscripteurs, du type /A est meilleur que B/. Morris rappelle aussi que la définition /A est bon/ formulée dans une situation où aucun choix n'est impliqué, fait de /bon/ un désignateur ; si, en revanche, on veut induire un choix entre A et B, /bon/ devient un appréciateur.

2.9.6. Les *Prescripteurs* ne se contentent pas de suggérer un comportement, mais le rendent obligatoire. Leur signifié est un *obligatum.* Ils peuvent être *hypothétiques* (/si j'appelle, tu viens/), *catégoriques* (/viens ici !/) ou *fondés* (/viens ici, que je te donne le journal !/).

2.9.7. Les *Formateurs* sont plus compliqués à définir, et Morris leur consacre un chapitre entier (1946 : VI). La raison en est très claire : ce sont des signes qui, quoique apparemment privés de signifié, servent de connecteurs et modifient la structure des signes complexes ou adscripteurs. Les Anciens les avaient déjà identifiés comme signes *syncatégorématiques.* En deux mots, si je dis /demain il pleuvra ou bien il fera beau/, /demain il pleuvra/ et /(demain) il fera beau/ sont des adscripteurs désignatifs, qui ont comme signifié une *discrimination* de situations : en revanche l'expression /ou bien/ semble ne pas avoir de signifié, mais détermine cependant toute la compréhension de la phrase, parce qu'elle place les deux affirmations en situation d'alternative. Morris met au rang des formateurs : « ce qui est fréquemment nommé « signes logiques » ou « signes formels » ou « signes syncatégorématiques », termes que plusieurs auteurs appliquent aux phénomènes linguistiques comme /ou bien/, /ne.../, /quelques/, /est/, /+/, /5/, l'ordre des mots, les suffixes, les parties du discours, la structure grammaticale, les artifices de ponctuation, etc. ».

Cette classification est importante, parce qu'elle permet de réunir sous une seule rubrique :

a) certains de ces outils que les Anciens nommaient *parties du discours,* concept qui nous est parvenu à travers les grammaires traditionnelles ; il s'agit, par exemple, des adverbes ou des pronoms (Morris appelle ces formateurs *déterminateurs) ;*

b) les flexions, comme les désinences que l'on étudie dans la déclinaison latine : par exemple /-ibus/ indique l'ablatif ou le datif, et /-um/ indique l'accusatif (là encore, il s'agit de *déterminateurs) ;*

c) tous les opérateurs logiques et algébriques (qui seraient des *connecteurs,* comme la copule, les conjonctions, les virgules, les parenthèses) ;

d) les artifices que l'on n'est pas tenté, à première vue, de considérer comme des signes, comme, par exemple, l'intonation interrogative. Morris cite le cas d'un son russe qui, joint à d'autres signes, établit que l'adscripteur vaut pour une interrogation ; nous ne disposons pas, quant à nous, d'un signe spécifique, mais nous employons un *tonème,* qui consiste à élever progressivement le ton, montée exprimée par un /?/ dans le langage écrit. La linguistique a étudié ces formes en les nommant *signes prosodiques* ou traits *suprasegmentaux.* Morris les appelle *modalisateurs ;*

e) l'ordre des mots et la structure grammaticale ; entre /un sage peu psychologue/ et /un psychologue peu sage/ ; il y a une différence de signifié assez notable : qu'est-ce qui nous *signifie* que dans le premier cas /sage/ est un substantif et dans le second, un adjectif ? Cette signification est assurée par la position qu'a le terme dans le discours, *position* qui est dès lors à envisager comme un signe ; il y a des langues dans lesquelles la position est fixée rigoureusement et fonctionne de manière peu équivoque, et des langues (comme le latin) dans lesquelles cette position peut varier, en posant une série de problèmes d'interprétations syntaxiques, précisément dus à l'équivocité des formateurs positionnels. La position serait donc un signe formateur *déterminateur.*

2.9.8. *Adscripteurs.* Leur nature a été suffisamment établie au long des exemples qui précèdent. En deux mots, si un désignateur correspond à un terme comme /noir/, un adscripteur correspond à un énoncé comme /ce chien est noir/. Les adscripteurs peuvent être *désignatifs, appréciattfs, prescriptifs* ou *formatifs,* car ils reprennent, de manière plus articulée, les caractéristiques des signes simples. L'importance que Morris donne aux adscripteurs vient du fait que, comme beaucoup d'autres chercheurs, il soutient que les énoncés sont antérieurs aux signes simples, auxquels ils confèrent un signifié (bien qu'il attribue un signifié à ces signes simples et fournisse — comme on l'a vu — beaucoup d'exemples à l'appui de sa thèse).

Comme exemples d'adscripteurs, on peut avancer :
/c'est un cerf/ : adscripteur désignatif ;
/c'est un beau mec !/ : adscripteur appréciatif ;
/ferme la fenêtre !/ : adscripteur prescriptif ;

/j'irai à Paris ou bien je n'irai pas/ : adscripteur formatif.

2.10. Les fonctions du discours

2.10.1. Nous avons précisé que dans cet ouvrage on examinerait le problème du signe, mais non celui du discours dans lequel le signe s'insère. Cependant, certaines des distinctions entre types de discours (Morris dirait : entre adscripteurs) aident à comprendre les divers usages et les diverses fonctions communicatives du signe.

Buyssens (1943 : 74-82.) distinguait trois modalités discursives :

1. le *discours de l'action,* qui traduit une intention d'agir sur l'interlocuteur ou sur des faits, de façon injonctive (ordres), optative (/s'il pouvait faire beau !/), ou à travers des conseils et suggestions ;

2. le *discours assertif* (/il vient/) ;

3. le *discours interrogatif* (/est-il venu ?/). L'interrogatif et l'assertif sont à ranger sous la rubrique du *discours de l'information,* qui s'oppose donc au *discours de l'action.*

2.10.2. Pour d'autres auteurs, le discours interrogatif pourrait être assimilé à l'assertif, en ce sens que /est-il venu ?/ peut être traduit par /je souhaite savoir s'il est venu/. Cette transformation suggère aussi l'existence d'un autre type de discours, le *performatif* (Austin, 1958), dans lequel celui qui parle atteste qu'il est en train d'accomplir une action. C'est de ce type que relèvent des énoncés comme /Je m'excuse/, /Je te baptise du nom de.../ ou encore /Je te conseille de faire cela/. Les discours performatifs s'opposent aux discours *constatifs* (ou assertifs) en ceci que, selon certains, ils ne peuvent faire l'objet d'un jugement de vérité ou de fausseté.

2.10.3. D'un point de vue linguistique, Jakobson (1963) a distingué ces six fonctions du langage :

référentielle : le signe se rapporte à quelque chose (/cheval/, ou encore /le train part à six heures/);

émotive : le signe tend à susciter une réponse émotive (/attention !/, ou bien /mon chou !/ ou enfin /imbécile !/;

phatique ou de *contact :* le signe vise moins à communiquer quelque chose qu'à souligner le fait même de la communication (que l'on pense aux /oui/et aux /c'est ça/ que l'on prononce en écoutant quelqu'un au téléphone : ce /oui/ n'exprime pas le consensus mais fait comprendre à l'interlocuteur que l'on est en train de suivre son propos);

impérative ou *conative :* le signe transmet une injonction (/hors d'ici !/, /apporte-moi ce livre !/) et vise à déterminer un comportement actif;

métalinguistique : les signes servent à désigner d'autres signes; il ne s'agit pas ici de sémies substitutives comme dans le rapport entre le morse et la langue parlée — mais de véritables langages utilisés pour définir les propriétés d'autres langages (comme en logique) ou de l'utilisation du même langage dans une fonction métalinguistique où il se décrit lui-même : le présent livre est un exemple de discours métalinguistique;

poétique : on utilise les signes pour attirer l'attention sur la façon dont les signes eux-mêmes sont utilisés, par-delà les règles du langage commun.

Bien entendu, ces fonctions chevauchent et se superposent dans le processus de communication. Ainsi, un signal routier portant la mention /stop/ a une fonction référentielle parce qu'il annonce l'existence d'un croisement ; une fonction impérative, parce qu'il transmet un ordre ; émotive, parce qu'il cherche à solliciter l'attention de l'usager. On ne peut pas dire qu'il ait une fonction phatique, mis à part le fait qu'il assure la continuité de la signalétique organisée dans la zone, ni poétique, à moins qu'il ne soit dessiné d'une façon originale et que sa forme singulière et agréable suscite l'admiration (mais dans ce cas, il distrairait le conducteur et perdrait sa fonction impérative).

2.11. Essai de classification générale des signes

2.11.1. Toutes les classifications dont il est question ici dépendent d'un point de vue particulier, même celle de Morris qui a cependant des ambitions globalisantes. Le seul penseur qui ait tenté une classification globale, tenant compte de tous les points de vue, est Ch.-S. Peirce ; mais sa classification est demeurée incomplète. Il distinguait trois subdivisions ternaires, les trichotomies, dont les combinaisons permettent d'engendrer dix classes de signes. Dans son esprit (8.344), il devait y avoir dix trichotomies (et dès lors un total de trente catégories) ; ailleurs, il parle de la possibilité théorique d'engendrer 59.049 combinaisons, près de soixante étant jugées significatives. On notera que cette classification, pour être comprise, nécessite une solide connaissance des fondements philosophiques sur lequel Peirce faisait reposer le problème du signe ; sans elle, il est impossible de comprendre pourquoi, par exemple, une icône peut être une photographie, une image mentale, une formule algébrique ; et sans ces fondements, on ne pourrait pas comprendre pourquoi un nom commun peut être un même temps un *indice* et un *symbole*. Nous tenterons de tirer au clair quelques-uns de ces problèmes au paragraphe 5.3.4. C'est cependant ici que nous introduirons la classification générale de Peirce. On constate en effet que ses distinctions sont aujourd'hui largement utilisées, et le sont indépendamment de leur fondement philosophique, ce qui ne va pas sans impropriétés : dès lors, alors même qu'elles échappent à la compréhension du sens commun, elles se présentent bien sous les espèces d'une classification empirique des signes, fondée sur l'usage quotidien.

2.11.2. Pour Peirce (2.243. *sqq.*), les signes se répartissent en neuf catégories, résultant d'une tripartition appliquée à trois points de vue : le signe en soi, le signe vu dans son rapport à son objet et le signe vu dans son rapport à l'interprétant. Voici ces neuf catégories :

signe en soi : *Qualisigne (Tone), Sinsigne (Token), Légisigne (Type)* ; *cf.* § 2.7.4 ;
signe vu dans son rapport à son objet : *Index, Icône, Symbole* ; *cf.* § 2.8 ;
signe vu dans son rapport à l'interprétant : *Rhème, Dicisigne*[1]*, Argument* ; *cf.* § 1.4.5.

2.11.3. De la combinaison des neuf catégories résultant de cette trichotomie dérivent dix classes de signes (comme

---

1. L'expression *Signe dicent* est parfois donnée comme synonyme de *Dicisigne.* Nous utilisons donc l'adjectif *dicent* pour traduire l'adjectif qui, littéralement, correspondrait à un français *dicisignique* (n.d.t.).

on peut facilement s'en rendre compte, elles n'épuisent pas de manière exhaustive les possibilités combinatoires du modèle):

Qualisigne Iconique Rhématique: la perception d'une couleur rouge comme signe de l'essence générique «Le Rouge». Un tel signe fonctionne comme une Icône et a les dimensions d'un Rhème (c'est notamment le cas lorsqu'une certaine nuance de rouge est utilisée pour connoter le concept «cardinal»).

Sinsigne Iconique Rhématique: une reproduction diagrammatique comme signe d'une essence (cas d'un quelconque triangle conçu comme représentant l'entité géométrique «triangle»).

Sinsigne Indexical Rhématique: un cri spontané qui attire l'attention sur un objet qui en est la cause, et fonctionne comme un Rhème (cas du cri /une auto!/ utilisé pour signaler l'arrivée d'une auto alors que l'on traverse la rue).

Sinsigne Indexical Dicent: le drapeau surmontant une tourelle fournit une information factuelle du genre «le vent souffle de l'Est», en vertu d'une connection causale avec le phénomène physique.

Légisigne Iconique Rhématique: le diagramme comme loi abstraite (le théorème de Pythagore).

Légisigne Indexical Rhématique: un pronom démonstratif comme /celui-ci/. Un tel signe requiert la proximité de l'objet et confère une existence légisignique à l'objet abstrait d'un Rhème. D'où l'utilisation de /celui-ci/ avec un substantif, association qui donne des énoncés du genre

/ce chat-ci/. La reproduction d'un tel signe est un Sinsigne Indexical Rhématique.

Légisigne Indexical Dicent : Peirce donne ici des exemples différant fort l'un de l'autre : le cri d'un vendeur ou d'un crieur public, l'appel /Eh là !/ (mais comme type abstrait) ; la réponse /C'est Alexandre/ à la question /Mais qui donc représente ce portrait ?/. Nous dirons qu'il s'agit d'un modèle abstrait de signe dont la tâche est de distinguer la présence réelle d'un objet habituellement et abstraitement indiqué par un Rhème : d'où le cri du héraut qui annonce : « Le Roi ! ».

Symbole Rhématique Légisignique : un nom commun, un terme général comme type. Il est curieux de constater que la réplique d'un tel signe ne soit pas un Sinsigne Symbolique Rhématique mais un Sinsigne Indexical Rhématique (Peirce veut dire que la réplique du terme abstrait /chien/ est toujours /ce chien/ dont nous parlons à cet instant précis). Mais il y a aussi des Sinsignes Indexicaux Rhématiques qui sont la reproduction de Légisignes Indexicaux Rhématiques, comme l'occurrence concrète de l'appel /eh là !/ au sens de « c'est toi que j'appelle ».

Symbole Dicent Légisignique : une proposition ordinaire dotée d'une existence abstraite, comme /le chat est noir/, qui postule la présence d'un Symbole Rhématique Dicent est un Légisigne Indexical Rhématique. Sa réplique est un Sinsigne Symbolique Dicent (que Peirce n'a pas prévu explicitement dans sa classification), mais entraîne évidemment aussi un Légisigne Indexical Rhématique (/ce chat est noir/).

Argument Symbolique Légisignique : c'est la forme abstraite du syllogisme dont la réplique est, selon Peirce, un Sinsigne Dicent Symbolique ; mais, selon les règles de la

96

combinatoire, on devrait la présenter comme un Sinsigne Symbolique Argumentatif.

2.11.4. La vérité est, comme le dit Peirce, que « c'est un problème qui exige beaucoup de minutie que de dire à quelle classe un signe donné appartient » (2.265 ; 1978 :185). Cela veut dire que les signes peuvent présenter des caractéristiques très différentes selon les cas et les circonstances dans lesquels nous les utilisons ; et cela précisément parce qu'ils ont un caractère fondamental commun, lequel est l'objet d'une théorie unifiée du signe, et qui est à même de transcender toutes ces classifications.

CHAPITRE III

L'APPROCHE STRUCTURALISTE

3.1. La langue comme code et comme structure

Les doctrines du signe ont vu le jour dans des contextes philosophiques nombreux et variés : on le verra mieux au chapitre V. Il serait donc erroné d'identifier, comme on le fait parfois, sémiotique et structuralisme. Ainsi Peirce et Morris figurent assurément parmi les sémioticiens les plus importants, mais n'étaient pas structuralistes. A l'inverse, pas mal de linguistes structuralistes ne se sont jamais intéressés à la sémiotique en tant que telle.

Mais on ne peut nier qu'au cours de ce siècle, c'est le courant structuraliste qui a donné les impulsions décisives en matière d'étude des signes. Cette influence a eu une conséquence importante : comme la méthodologie structuraliste s'est principalement élaborée dans le domaine linguistique, on a absolument voulu appliquer le modèle linguistique à tous les types de signes. Les dangers du transfert, qui est allé bien loin, seront montrés au paragraphe 4.2.

Toutefois, il est important de préciser quelques-uns de ces concepts qui, nés dans l'orbe de la linguistique, ont été élargis au point de valoir pour tous les systèmes de signes : structure, paradigme, syntagme, opposition, etc. En les définissant, nous chercherons non à les voir dans leur dimension exclusivement linguistique, mais comme modèles (potentiellement) extensibles à tous les phénomènes sémiotiques. On verra de quelle manière ils doivent être transformés et adaptés dans ce mouvement de transfert.

Le concept fondamental du structuralisme est évidemment celui de structure. Il naît avec la définition que Ferdinand de Saussure (1916) donne de la langue.

Saussure distingue la *langue,* répertoire des règles sur lesquelles se fonde le sujet parlant, de la *parole,* acte individuel par lequel ce sujet fait usage de la langue et communique avec ses semblables. Comme la paire code-message, le couple *langue-parole* définit une opposition entre système théorique (la *langue* n'a pas d'existence physique : c'est une abstraction, un modèle créé par le linguiste) et phénomène concret (le message que je formule au moment présent, celui que vous élaborez pour lui répondre, et ainsi de suite). La langue « est à la fois un produit social de la faculté du langage et un ensemble de conventions nécessaires, adoptées par le corps social pour permettre l'exercice de cette faculté chez les individus » (Saussure, 1916 : 25). La langue est un système — c'est-à-dire une *structure* — susceptible d'être décrit de manière abstraite, et représentant un ensemble de relations.

L'idée de la langue comme structure était déjà familière à de nombreux linguistes du passé. Humboldt affirmait déjà que « nous ne pouvons concevoir le langage comme trouvant son origine dans la désignation des objets par des mots, et comme procédant des mots eux-mêmes dans un second temps. En fait, le discours n'est pas fait de mots qui le précèdent : les mots trouvent au contraire leur origine dans le discours lui-même » *(Gesammelte Werke,* VII, 1).

Dans la perspective saussurienne, « la langue est un système dont toutes les parties peuvent et doivent être considérées dans leur solidarité synchronique. Les altérations ne se faisant jamais sur le bloc du système, mais sur l'un ou l'autre de ses éléments, ne peuvent être étudiées qu'en dehors de celui-ci. Sans doute chaque altération a son contrecoup sur le système ; mais le fait initial a porté sur un point seulement ; il n'a aucune relation interne avec les conséquences qui peuvent en découler pour l'ensemble. Cette différence de nature entre termes successifs et termes coexistants, entre faits partiels et faits touchant le système, interdit de faire des unes et des autres la matière d'une seule science » (Saussure, 1916 : 124).

L'exemple type pris par Saussure est celui du jeu d'échecs. Le système des relations entre pièces y change à chaque coup. Toute mutation du système modifie la valeur des autres pièces présentes. Toute mutation *diachronique* établit une nouvelle relation *synchronique* entre éléments. On entend par étude synchronique d'un système l'analyse de ses relations vues sous un angle non évolutif ; l'étude diachronique, elle, envisage le développement et l'évolution du système. Bien évidemment, l'opposition entre diachronie et synchronie ne saurait être absolue : une perspective implique l'autre. Mais pour décrire une structure — un code — on gèle fictivement le jeu des correspondances entre signifiants et signifiés et leurs règles de combinaison, en faisant comme si ces relations n'étaient pas sujettes à changement. Le système une fois défini, il devient possible d'en observer les modifications, comme d'identifier les causes et les conséquences de ces dernières. Les changements diachroniques d'un système-code adviennent, ainsi que nous le verrons, à travers des actes de parole faisant entrer la *langue* en crise. (Bien que Saussure soutienne qu'un sujet parlant ne peut guère, à lui seul, agir sur la tendance du système à conserver son équilibre.) Pour le reste, c'est le système qui détermine le sujet parlant : il lui impose en effet des règles combinatoires qu'il doit observer.

Dans le cas de la langue, le code s'établit grâce à une cristallisation sociale : c'est une moyenne établie par l'usage. Et dès le moment où ce code s'établit, tous les sujets parlants sont amenés à utiliser les mêmes signes pour renvoyer aux mêmes concepts en les combinant selon les mêmes règles. Certains codes peuvent aussi être imposés d'autorité à un groupe qui les utilise dès lors consciemment, en les reconnaissant pour tels (pensons au cas du morse). Tout en ayant aussi une valeur coercitive, d'autres codes — parmi lesquels la langue — sont utilisés inconsciemment par les sujets parlants : ces derniers y obéissent sans nécessairement se rendre compte qu'ils se plient à un système obligatoire de relations.

La linguistique de ces dernières années a longuement débattu sur le point de savoir si l'on devait décrire le code comme un *système clos* ou un *système ouvert*. Autrement dit : si les usagers se confinaient à un système de relations établi une fois pour toutes et déposé en eux, ou s'ils se fondaient sur une *compétence* naturelle, compétence permettant d'engendrer des séquences linguistiques *(exécutions,* messages) formées d'après quelques principes combinatoires élémentaires, principes se complexifiant jusqu'aux relations les plus variées. Ce dernier point de vue est celui de la grammaire générative de Chomsky. Dans cette perspective, le statut de système et de code — la langue étant un de ces codes — serait réservé aux seules structures *superficielles,* engendrées par une structure *profonde* (celle-ci constituant un système de règles qui ne seraient peut-être pas articulables dans des oppositions, comme le sont les autres structures).

3.2. Paradigme et syntagme. Les articulations

L'idée de code repose sur le fait que la personne qui communique dispose d'un répertoire de symboles donnés, parmi lesquels il choisit ceux qu'il va combiner, en suivant certaines règles. On peut ainsi dessiner comme l'ossature de tout code, en le représentant au moyen de deux axes, l'un vertical et l'autre horizontal : ce sont les axes du *paradigme* et du *syntagme*. L'axe paradigmatique est celui qui ordonne le répertoire de symboles et de règles : on l'appelle aussi l'axe de la *sélection*. L'axe syntagmatique est celui de la *combinaison* des symboles, qui, organisés en séquences de plus en plus complexes, finissent par former le discours proprement dit. Nous verrons dans un instant comment cette organisation peut rendre compte des lois d'articulation des codes non verbaux ; mais fournissons d'abord un exemple linguistique.

Pour former la phrase /le cheval court/, je dois passer du paradigme au syntagme aux deux niveaux suivants :

— dans le paradigme du phonème, je choisis certains phonèmes que je dispose selon l'axe syntagmatique sur lequel se réalisera par exemple le monème /chev-/ ;

— dans le paradigme des monèmes, je choisis quatre unités significatives et je les combine dans le syntagme phrastique suivant : *le chev- al court.*

L'étude des troubles de la parole fait bien apparaître, à travers deux types d'aphasie, les deux axes décrits (Jakobson, 1963). L'aphasique souffrant de troubles sur l'axe de la sélection ne réussit pas à isoler les termes corrects d'un discours : si on lui montre un couteau, il ne retrouvera pas le nom, mais il réussira à utiliser le syntagme substitutif /sert à manger/. Au contraire, celui qui souffre de troubles de la combinaison ne pourra qu'aligner des mots sans réussir à les articuler en phrases dotées d'un sens complet.

La notion de paradigme et de syntagme peut être étendue à des entités de dimensions plus vastes. On pense, par exemple, à un discours farci de phrases *toutes faites,* du genre :

S'il y a une chose que je ne peux pas supporter, c'est bien les phrases toutes faites.

Il y a belle lurette que je t'attends.

Des goûts et des couleurs, on ne discute pas.

etc.

Chacune de ces phrases peut être considérée comme une unité puisée dans un répertoire bien connu, et pouvant entrer librement dans des combinaisons plus vastes. On peut décrire de la même façon certaines combinaisons stylistiques (ou certains collages visuels qui combinent, par exemple, des éléments puisés dans des images publicitaires). A un niveau sémiotique plus élevé, il existe des unités qui ne sont plus des signes, mais des *fonctions narratives* (Propp, 1928 ; Greimas, 1966, etc.) du genre *interdiction, transgression de l'interdiction, séduction, dommage subi,* lesquelles peuvent se combiner pour produire (par exemple si nous utilisons ces quatre fonctions), la première partie du *Petit Chaperon rouge.*

Combiner, c'est *articuler* les éléments du paradigme de facon à produire un syntagme.

Plusieurs courants de la linguistique contemporaine identifient dans le langage une double articulation.

La *première articulation* est celle des unités dotées de signifié. On nomme ces dernières « monèmes » dans une certaine tradition, « morphèmes » pour la linguistique américaine (pour faire très court, disons que les « mots pleins » constituent fréquemment de telles unités). Ces unités se combinent entre elles pour former des unités plus vastes : les « syntagmes ».

Les unités de première articulation, qui peuvent être en nombre important dans une langue donnée (les dictionnaires en donnent une idée), sont construites grâce à la combinaison d'unités de *seconde articulation* : ce sont les phonèmes. Ils possèdent une valeur, qui les différencie l'un par rapport à l'autre, mais ils sont dépourvus de signifié. Ainsi, avec un nombre réduit de phonèmes (une quarantaine au maximum), une langue peut former un nombre indéfini de monèmes.

Le phonème est une unité minimale, dotée de caractéristiques sonores distinctives. Sa valeur est fournie par sa position et par sa différence avec les autres éléments. Ces oppositions phonologiques peuvent connaître des *variantes libres,* ou facultatives, changeant selon les sujets parlants, mais celles-ci n'oblitèrent pas la différence fondamentale qui permet d'identifier le signifié.

Les phonèmes constituent un système de différence, schéma abstrait que l'on peut retrouver dans des langues différentes, alors même que les valeurs phonétiques — la nature physique des sons — y seraient différentes.

3.3. Opposition et différence

Cherchons un exemple concret dans lequel trois niveaux paradigmatiques différents seraient en jeu avec leurs niveaux syntagmatiques correspondants (*cf.* Lyons, 1968, 3.3.6. *sqq.*). Prenons, dans la langue anglaise, une série d'entités dotées de signifiés (monèmes) comme *pet, bet, let, pit, pot, pen, peck* (qui s'écrit phonétiquement *pek*, étant donné que dans cet exemple un seul son est graphiquement représenté par deux lettres).

Ces sept signes peuvent se combiner en un syntagme de dimension supérieure (de l'ordre de la phrase), par exemple /I bet you let your pet out of the pot/, qui signifie : « Je parie que tu as laissé ta bestiole sortir du pot » (dans un tel énoncé on ignore s'il s'agit d'un petit poisson ou d'un basset, ce qui montre que le contexte a une influence sur l'attribution d'un signifié au signe lorsque celui-ci est associé à de nombreuses significations, comme c'est le cas de /pet/, terme générique). Ce syntagme est de l'ordre de la première articulation.

Mais pour former chacun des sept mots en cause, on a dû recourir à un répertoire de phonèmes qui sont :

$$
\begin{matrix}
p & e & t \\
b & i & n \\
l & o & k
\end{matrix}
$$

Nous voyons que si nous combinons chacun de ces neuf phonèmes avec deux autres, nous obtenons un des mots choisis ; il subsiste encore quelques combinaisons non utilisées (par exemple, on pouvait encore produire les combinaisons *bin, bit, li(c)k, lo(c)k ;* et l'on pourrait également produire *bik* et *lon* qui n'existent pas dans le vocabulaire anglais).

On observera aussi que le signe /pet/ et le signe /bet/ ne se différencient que grâce au premier son. La richesse et l'articulabilité du paradigme proviennent du fait que l'on obtient un changement de sens en *commutant* un seul son.

Le fait que, passé de /b/ à /p/, on obtienne un changement de sens, fait fréquemment dire que les phonèmes constituent dans le paradigme *un système d'oppositions.* Toute communication (et dès lors toute signification) opérerait sur la base d'oppositions organisées en système. Si je décide de communiquer à un observateur extérieur la présence d'une certaine personne dans ma maison en plaçant une lampe à ma fenêtre, /lampe allumée/ devient un élément signifiant précisément parce qu'il s'oppose à /absence de lampe/. Si je décide d'envoyer deux messages (par exemple « personne arrivant » et « personne partant ») par le moyen de deux signaux, qui pourraient être une lampe rouge et une lampe verte, l'opposition s'établit cette fois entre *rouge* et *vert*. Dans tout processus de communication, et à tout moment, même dans le cas de paradigmes plus complexes, nous sommes confrontés au choix entre présence et absence, oui et non, + et —.

La notion d'opposition est fondamentale en linguistique structurale (*cf.* Troubetzkoj, 1939, Jakobson-Halle, 1956), et a été appliquée à des systèmes autres que le langage.

Nous devons toutefois nous arrêter et nous demander pourquoi /p/ s'oppose à /b/. Phonétiquement, du point de vue de leurs *caractéristiques articulatoires (id est* la façon dont nous les produisons avec notre langue, nos lèvres, notre palais), ces sons s'opposent l'un à l'autre en ceci que le premier est *sourd* et le second *sonore,* tous deux étant *labiaux.*

Considérons un groupe de sons au point de vue de cinq caractéristiques articulatoires (la vélarité, la labialité, la dentalité, la sonorité, la nasalité):

	p	b	n	m	k	g
vel.	—	—	—	—	+	+
lab.	+	+	—	+	—	—
dent.	—	—	+	—	—	—
son.	—	+	+	+	—	—
nas.	—	—	+	+	—	—

Ces caractères articulatoires sont d'abord des *caractéristiques d'émission*. Mais du point de vue du paradigme (création abstraite, qui règle le fonctionnement d'une langue), certaines de ces caractéristiques articulatoires ne sont pas pertinentes pour distinguer un phonème d'un autre, de même que les combinaisons /bik/ et /loɲ/ ne doivent pas être prises en considération dans une étude lexicale de l'anglais parce que ce ne sont pas des lexèmes dotés de signifié (alors même que ce sont des unités provenant de la combinaison syntagmatique d'éléments de seconde articulation, elles n'entrent pas dans le paradigme de la première articulation). Dans la matrice des caractères articulatoires, nous voyons qu'il y a des traits non fonctionnels : l'opposition /sonore/ *vs* /sourde/ est distinctive en anglais, parce qu'elle permet d'opposer /pet/ à /bet/. Mais dire du phonème /n/ qu'il est nasal, dental et sonore fournit une information excessive : en effet /m/, comme /n/, est *nasal* et *sonore* (et, lui, non dental), mais il n'y a aucun mot anglais qui se distingue d'un autre par l'opposition /nasale non sonore/ *vs* /nasale sonore/. Dès lors, la sonorité de /n/ et de /m/ peut ne pas être prise en considération dans l'étude de l'économie des traits distinctifs. Par quoi l'on voit que les traits distinctifs sont bien autre chose que des caractéristiques articulatoires : ils reprennent parmi ces caractéristiques celles qui entrent dans un système d'oppositions fonctionnant dans le paradigme d'une langue, pour produire des combinaisons syntagmatiques d'unités significatives. Le *phonéticien* pourrait étudier la sonorité du /n/ parce qu'il s'agit d'un fait physique observable avec des instruments ; mais le *phonologue,* qui étudie non la loi des sons mais les lois de la langue comme système de règles, ne s'occupera pas de cette caractéristique physique dans la mesure où elle ne constitue pas un trait distinctif. Les linguistes ont convenu d'appeler *émiques* tous les phénomènes étudiés (ou construits) comme éléments abstraits d'un modèle systématique — le terme a été forgé par analogie avec *phonémique,* synonyme de phonologie — et *étiques* tous les phénomènes conçus comme événements matériels singuliers, comme l'est l'émission d'un son (ce terme est forgé sur *phonétique,* discipline qui étudie les phénomènes articulatoires concrets).

Les unités constituant ce système abstrait d'oppositions phonémiques sont les phonèmes d'une langue. Par exemple, la phonétique reconnaît deux sons que l'on transcrit conventionnellement /i/ et / :i/. Le premier est celui qu'on trouve dans le mot anglais /ship/ (navire), le second est celui de /sheep/ (mouton). En anglais, ces deux sons constituent deux phonèmes (que l'on peut écrire de diverses manières). Mais un francophone peut prononcer le « i » de /livre/ comme un /i/ ou comme un / :i/ : le sens ne changera pas. Le système phonologique (ou phonémique) français est un système abstrait d'oppositions qui ne fait pas de distinction entre ces deux phénomènes phonétiques.

En principe, une structure est un système constitué de différences et d'oppositions tel que ce qui y est pertinent est non pas la nature d'un élément, mais bien sa présence ou son absence ; c'est le système des présences et des absences conçues comme valeurs vides ou pleines, et non la nature matérielle des éléments, qui engendre ces valeurs. C'est en ce sens qu'une structure systématique peut être appliquée à des phénomènes de communication non linguistique. Si par exemple je considère la matrice élémentaire suivante :

$$- \qquad +$$
$$+ \qquad -$$

je puis dire, par exemple, qu'elle indique les relations systématiques qui existent entre deux unités non significatives comme /n/ et /p/ :

	n	p
labiale	−	+
sonore	+	−

mais elle peut aussi indiquer les différences entre deux signaux, comme un disque rouge — qui signale l'interdiction de passer — et un drapeau vert qui autoriserait le passage :

	vert	rouge
disque	−	+
drapeau	+	−

Mais cette matrice caractérise seulement les éléments formels du signifiant. Peut-elle également caractériser le rapport signifiant-signifié ? La chose va de soi :

	« passage »	« non-passage »
/disque rouge/	−	+
/drapeau vert/	+	−

On notera surtout que la matrice ne permet pas seulement de voir quels sont les signifiés qui sont associés à un certain signifiant, elle permet aussi de *structurer les signifiés en un système d'opposition* (passage *vs* non passage) et rend les oppositions de signifié homologues aux oppositions de signifiant !

Cet exemple permet de souligner la différence entre *système* et *code*. Certains appellent improprement le système phonologique « code phonologique », mais il sera évident à qui considère la matrice ci-dessus qu'elle contient *deux* systèmes : celui qui oppose le rouge et le vert et celui qui oppose le passage au non-passage ; il lui apparaîtra également que ces deux systèmes sont indépendants l'un de l'autre. Mais il y a cependant *un* code, dont la fonction est d'associer sémantiquement des valeurs du système numéro un aux valeurs du système numéro deux, de façon à ce que /présence du disque rouge/ puisse signifier « non-passage ».

Mais pourquoi système et code sont-ils si souvent confondus ? Pour des raisons métonymiques : un système, tel que ceux qui existent dans le langage, s'organise pour permettre la signification et n'existe donc qu'en relation avec un code. Mais ceci est une raison purement empirique.

Théoriquement, en partant de l'exemple cité, on peut observer que le système signifiant *(rouge* et *vert)* est indépendant du système signifié (ou système sémantique). C'est si vrai que l'on pourrait laisser intact le système signifiant et lui associer un autre système sémantique (par exemple *passage* vs *retour en arrière; ou passage facile* vs *passage difficile,* comme dans la compétition que se livrent riche et chameau pour entrer dans le royaume des Cieux en passant par le chas d'une aiguille, où le rouge pourrait signifier « passage difficile » et le vert « passage facile »).

Ceci signifie qu'un <u>système</u> s'organise pour des raisons <u>objectives</u> (l'opposition entre /p/ et /b/ est due à des raisons articulatoires ; l'opposition entre passage et non-passage peut dépendre d'une situation concrète qui porte le sujet du choix à désirer telle solution plutôt que telle autre, comme cela a dû arriver à Moïse sur les rives de la mer Rouge). En revanche, <u>un code</u> s'établit <u>arbitrairement</u> (même si l'on a pu établir que des raisons tenant à la perception ou à la réactivité militent en faveur de l'association du rouge avec l'interdiction ; raisons qui tiennent bien peu lorsque l'on fait flotter un drapeau rouge sur la façade du siège d'un parti de gauche).

Nous dirons dès lors qu'un code établit des équivalences sémantiques entre des éléments d'un système de signifiants et des éléments d'un système de signifiés. Mais cette définition pose un autre problème : pourquoi les signifiés devraient-ils être organisés systématiquement sur le modèle des signifiants ?

En effet, dans le cadre d'un code, un mot voit son signifié délimité dans la mesure où il n'y a pas un autre mot qui soit chargé d'un signifié voisin mais distinct.

En français, /neige/ se charge de divers signifiés (neige immaculée, neige molle, neige en train de tomber et neige formant une couche par terre, neige gelée et neige fondante) alors que chez certaines populations d'Esquimaux, ces différents sens sont assumés par des termes distincts. C'est donc le système, qui, instituant une structure relationnelle entre les termes, en différencie la valeur signifiante.

Il y a donc place pour une étude rigoureusement *systématique,* qui classe les signifiés sans qu'il soit nécessaire de recourir au rapport entre signifiant et signifié.

Pour Hjelmslev (1957), appliquer la procédure structurale au niveau sémantique, c'est étudier non le signifié en lui-même, mais les *valeurs positionnelles* du signe. Le signifié se manifeste grâce aux épreuves de *commutation* (modifions le signifiant : le signifié est modifié) et de *substitution* (modifions le signifiant : le signifié ne change pas). Le premier type de manipulation met en évidence les invariants du système, le second les variations contextuelles.

Dans le schéma qui suit, nous voyons que le mot français /arbre/ recouvre le même champ que le mot allemand /Baum/ ; le français /bois/ correspond tantôt à l'italien /legno/ (le bois comme matière) tantôt à /bosco/ (le bois comme ensemble d'arbres), tandis que /forêt/ sert à désigner un groupe d'arbres plus dense et plus étendu. D'un autre côté, l'allemand /Holz/ correspond à /legno/ mais non à /bosco/ : c'est /Wald/ qui assume le concept en même temps que celui qui est désigné par /forêt/.

Français	Allemand	Danois	Italien	Anglais
arbre	Baum	trae	albero	tree
bois	Holz		legno	timber
	Wald	skov	bosco	wood
forêt			foresta	forest

Un tableau de ce genre ne nous met pas en face « d'idées », mais de valeurs émanant du système. Ces valeurs correspondent à ce que l'on peut nommer des concepts, mais ne naissent et ne peuvent être appréhendées que comme pures différences : elles ne se définissent pas par leur contenu, mais par la manière dont elles s'opposent aux autres éléments du système.

Ici encore, nous avons une série de choix différentiels que l'on peut décrire sur le mode binaire. Il n'est donc pas nécessaire de savoir ce qu'est le signifié (que l'on se place sur le plan physique ou ontologique) : il suffit de pouvoir affirmer que, dans un code donné, des signifiés donnés sont associés à des signifiants donnés. Que ces signifiés soient communément définis comme des « concepts » ou des « idées » n'a rien que de normal ; et qu'on les atteigne à travers une sorte d'usage moyen est chose légitime. Mais dès le moment où la sémiotique établit l'existence d'un code, le signifié cesse d'être une entité psychique, ontologique ou sociologique : *c'est un phénomène culturel, descriptible grâce à un système de relations que le code nous montre comme reçues par un groupe donné à un moment donné.*

3.4. La structure comme modèle

C'est aussi à la notion saussurienne de « structure » que se réfère Lévi-Strauss lorsque, traitant des phénomènes sociaux comme systèmes de communications, il définit la structure comme une configuration répondant à deux conditions. La première : constituer un système obéissant à un principe de cohésion interne. La seconde : cette cohésion doit rester invisible à l'observateur du système isolé, pour n'apparaître que dans l'examen des transformations permettant à des propriétés identiques de se retrouver dans des systèmes apparemment différents (Lévi-Strauss, 1960).

Si l'on veut bien y regarder, cette affirmation mobilise deux notions d'égale importance :

1. *la structure est un système régi par une cohésion interne ;*
2. *la structure apparaît lorsque des phénomènes différents ont été comparés et qu'on les a rapportés au même système de relations.*

Ces deux points doivent être approfondis. Ils vont en effet permettre de préciser la notion de structure qui, comme on le verra, s'identifie à celle de code.

Partons d'un exemple très simple. Il nous servira à identifier les opérations que nous menons lorsque nous identifions des structures dans des domaines plus élaborés.

Soient des êtres humains. Pour établir les caractéristiques qu'ils ont en commun (ce qui me permettra de traiter de phénomènes différents en utilisant des instruments homogènes), je dois évidemment procéder à des simplifications. Je puis ainsi réduire le corps humain à un schéma que j'identifie avec celui du squelette, et donner de ce squelette une représentation graphique très simplifiée. J'ai ainsi identifié une structure commune à un ensemble d'humains, un système de relations de positions et de différences entre éléments discrets, représentable par des lignes de position et de longueur données. Il est évident que cette structure constitue déjà un *code* : un système de règles auxquelles un corps doit se soumettre, quelles que soient ses caractéristiques individuelles, pour que je puisse y voir un corps humain.

Il est également clair que cette structure n'est pas seulement une simplification, un appauvrissement de la réalité. Cette simplification naît du *point de vue* adopté. Je réduis le corps humain à la structure de son squelette parce que j'entends étudier les corps humains du point de vue de cette structure, ou du point de vue qui en fait « un animal debout » ou « un bipède muni de deux membres supérieurs et de deux inférieurs ». Si je décidais d'étudier le corps du point de vue de sa structure cellulaire, j'établirais évidemment d'autres modèles. Une structure est donc *un modèle élaboré selon certaines règles de simplification et qui permet d'assimiler d'un certain point de vue des phénomènes distincts.*

C'est ainsi qu'un code phonologique, par exemple, permet d'assimiler différents types physiques de manifestations de la voix, du point de vue de la transmission d'un certain système de signifiés. Pour établir ce code, j'élabore des relations d'ordre phonématique, et je considère comme variantes facultatives les modifications du ton (alors que dans un autre code, comme par exemple la langue chinoise, ces variations auront une valeur différentielle et correspondront à des différences de signifié).

Si je veux parler de l'homme et de l'arbre en me situant dans la même perspective (par exemple parce que je dois comparer la situation de l'un et de l'autre

115

dans le cadre d'une étude sur leur nombre et leur taille
dans telle région), il me faudrait recourir à des
simplifications structurales supplémentaires. Je pourrai
par exemple réduire le squelette humain à une structure
plus élémentaire encore, représentable par un signe de
ce type :

et je pourrai le confronter à une modélisation de
l'arbre, représentable par le signe

en les réduisant tous deux à un modèle commun,
représentable de cette façon :

J'aurai ainsi identifié, grâce à une série d'abstractions
et de modélisations successives, un code commun à
l'arbre et au corps humain, une structure *homologue,*
identifiable chez l'un et chez l'autre.

Ce que je viens de proposer est un modèle dit
« analogique ». Mais même dans ce modèle, ce qui est
en jeu, ce sont des positions, des oppositions, des

116

différences : par exemple les oppositions vertical *vs* oblique, droite *vs* gauche, ou haut *vs* bas. Celui qui a utilisé un ordinateur personnel sait qu'il peut lui communiquer des instructions formulables en termes de +, o et — ou de 1 *vs* o, de oui et de *non,* et qu'elles pourront être traduites en des structures analogiques.

Ici se pose un intéressant problème philosophique : une structure (comme celle du modèle analogique qui vient d'être évoqué) est-elle une *chose?* Existe-t-elle indépendamment de nos observations ?

Il est évident que la structure ainsi dégagée *n'existe pas en soi:* c'est le produit d'opérations que j'ai moi-même orientées. La structure est un modèle que j'élabore pour pouvoir désigner des choses différentes de manière homogène. Mais il reste encore à savoir si, pour élaborer ces structures, nous ne menons pas des opérations mentales qui seraient structurellement homologues aux relations que les choses entretiennent dans la réalité. C'est en ce point que se profile l'opposition entre un *structuralisme ontologique* et un *structuralisme méthodologique.*

On a vu que je suis passé d'une structure-code valable pour un certain nombre d'êtres humains à une structure-code valable pour ces êtres humains et un certain nombre d'arbres. Dans les deux cas, il s'agit de structures, mais la seconde résulte d'une simplification de la première. Ainsi, chaque fois que j'identifie une structure d'homologation à l'intérieur d'un champ donné de phénomènes, je dois me demander s'il n'existe pas une structure de cette structure, un code de ce code, qui me permettrait d'appliquer sa puissance prédictive à une famille plus vaste de phénomènes.

C'est ainsi que les phonologues et les linguistes, une fois qu'ils ont isolé le système de relations à l'œuvre dans une langue, se demandent si ce système ne pourrait pas être comparé au système de relations d'une

117

autre langue, moyennant l'élaboration d'un code qui rendrait compte des deux systèmes à la fois. Et, ceci fait, s'il n'existe pas un code qui permettrait de comparer les relations internes à la langue avec celles qui régissent le système de la parenté, et ces dernières avec les relations réglant la disposition des huttes du village étudié. Opérations menées — avec succès — par l'anthropologie structurale.

De simplification en simplification : ainsi va le rêve du structuraliste. Celui d'identifier, à la limite, le Code des Codes, *l'Ur-Code* qui permettrait de retrouver les mêmes rythmes et les mêmes rapports (les mêmes opérations et relations élémentaires) à l'intérieur de tout comportement humain, qu'il soit culturel ou biologique. Cet Ur-Code résiderait dans le mécanisme même de la pensée humaine rendue homologue au mécanisme sous-tendant les processus organiques. C'est au fond la réduction de tous les comportements humains et de tous les événements organiques à la communication, et de tout processus de communication au même modèle structural.

Mais il n'est pas dit que l'on arrive à une telle concentration des modèles structuraux par une simplification successive du *déjà connu*. Bien loin de là. La méthodologie structuraliste ne consiste habituellement pas à *trouver* la structure (cela reviendrait à s'épuiser dans une recension sans fin des choses connues) : on la *pose* au contraire, on l'invente en lui donnant le statut d'hypothèse, de modèle théorique, en postulant que les phénomènes étudiés se soumettent à la structure ainsi élaborée. Les vérifications viennent ensuite. Et la tâche du chercheur est alors non de coucher à toute force les phénomènes observés sur le lit de Procuste de son modèle, mais de rester ouvert à tous les repentirs, à toutes les corrections. Cette procédure se révèle féconde en de nombreuses disciplines et permet de faire l'économie de recherches empiriques qui pourraient se prolonger à l'infini, en leur superposant des hypothèses structurales qui seront immédiatement vérifiées sur leurs points les plus faibles.

L'identification d'un code constitue, on le voit, une prise de position théorique, et s'apparente à la formulation d'un postulat. Bien sûr, avant d'identifier les lois d'une langue, le linguiste observe nombre de comportements linguistiques concrets. Mais il ne saurait appréhender de manière exhaustive toutes les variétés de ces comportements, tous les actes de parole possibles, tous les messages que le sujet parlant est susceptible d'émettre. A un moment donné, il doit donc, en un saut qualitatif, abandonner le terrain de l'accumulation des faits pour accéder à un autre : celui de la *construction* du système linguistique.

C'est de cette façon que l'on procède chaque fois qu'il est question d'un code déterminé. Le code est le modèle d'une série de conventions communicationnelles, modèle doté d'une existence théorique, et que l'on postule pour rendre compte de la possibilité qu'il y a de communiquer certains messages.

3.5. La fonction sémiotique

La théorie la plus rigoureuse sur la structure du signe, ou sur le rapport de signification, a été proposée par Hjelmslev (1943) ; c'est à lui que l'on doit l'expression de « fonction sémiotique » *(sign function)*. Il définissait de la manière suivante la nature et l'organisation du signe, et donnait du même coup une définition de la nature organisationnelle des codes présidant à l'usage des signes :

contenu	substance
	─────────
	forme
──────────	─────────
	forme
expression	─────────
	substance

Dans tout processus sémiotique, nous avons un élément *d'expression* (continuons à l'appeler signifiant), lequel véhicule un élément de *contenu* (le signifié). Lorsque nous parlons, nous produisons un certain nombre de phénomènes vocaux. Mais, en découpant le continuum des sons, le système syntaxique de l'expression ne rend pertinentes que quelques-unes de ces émissions (ainsi, les langues n'utilisent comme éléments pertinents qu'une petite quarantaine de phonèmes, et souvent moins). En français, je suis libre de prononcer le /i/ de /rire/ sur le mode bref ou sur le mode long : dans les deux cas, mon interlocuteur identifiera le même mot. Autrement dit, je puis prononcer ce mot en utilisant indifféremment l'/i/ ou /i:/. En anglais, en revanche, on a vu que cette dernière opposition établit la différence entre /ʃip/ et /ʃi:p/ (mots qui s'écrivent /ship/, *bateau,* et /sheep/, *brebis*). En français donc, l'opposition entre /i/ et /i:/ ne fait pas partie de la forme de l'expression (même si elle constitue indubitablement un aspect de la *substance* sonore).

Cette définition mérite assurément d'être approfondie. Non seulement parce qu'elle met bien en lumière le fait que le signe est une entité à deux faces (comme le disait Saussure) mais parce qu'elle accentue l'indépendance réciproque de l'expression et du contenu.

Pour Hjelmslev, un signe n'est pas, comme le veut une tradition séculaire, une chose mise à la place d'une autre (1943 : chap. 13). C'est une *fonction* posée par la relation réciproque entre deux *fonctifs,* expression et contenu. Le fait que je puisse à l'occasion utiliser le son /x/ pour désigner la lune ne fait pas du son /x/ le signe de la lune. Je ne suis devant une fonction sémiotique que lorsqu'une règle a mis en relation le fonctif qu'est l'expression /x/ avec le fonctif qu'est le contenu «satellite de la terre». Mais, sur la base d'une autre règle, je pourrais me décider à mettre en relation le son /x/ avec le contenu «deuxième satellite de Jupiter»; j'aurais alors une nouvelle fonction sémiotique, même si le son /x/ reste identique en sa substance. Expression et contenu sont fonctifs d'une fonction car ils se présupposent mutuellement. «Si l'on pense sans parler, la pensée n'est pas un contenu linguistique (...). Si l'on parle sans penser, produisant des séries de sons sans qu'aucun sens s'y attache, on n'obtient ni une expression linguistique ni la fonction d'une fonction de signe[1]. »

La notion de fonction sémiotique a influencé nombre de théories du signe, et a pu trouver des applications en dehors du domaine linguistique. Si la proposition de Morris est vraie, suivant laquelle tout peut devenir signe à condition d'être interprété en cette qualité par un interprète donné, alors tout objet peut être considéré comme expression dans la mesure où il entre à titre de fonctif dans une fonction sémiotique. Cette notion de fonction ne se borne pas à définir des signes comme les mots de la langue, ou les pavillons du code maritime mais peut être étendue à des domaines bien plus complexes : la relation qui s'établit entre un vaste ensemble textuel (par exemple un livre, ou un tableau) et son contenu constitue une telle fonction.

---

1. 1943 : 45 ; p. 73 de la traduction française, erronée : outre qu'un membre de la phrase de Hjelmslev a été omis, la fin du passage doit évidemment se lire : « ni le fonctif d'une fonction sémiotique » (n.d.t.).

3.6. Dénotation et connotation

Pour Hjelmslev, une expression dénote le *contenu* auquel elle est associée. Hjelmslev (et les linguistes structuralistes) utilise ainsi le terme de dénotation dans un sens différent de celui qu'il a chez les philosophes du langage et chez les logiciens de tradition anglo-saxonne. Il importe donc d'expliquer quelque peu les expressions de dénotation et de connotation.

En philosophie du langage, la dénotation d'un terme est d'habitude l'ensemble des objets à quoi il se rapporte, et la dénotation d'une assertion, ou d'un énoncé prédicatif, est l'état du monde qui lui correspond. En ce sens, la dénotation peut être identifiée à la *référence* (la *dénotation* d'une expression est son référent) ; nombre d'auteurs souscrivent d'ailleurs à la distinction proposée par John Stuart Mill (1843 : 1.2.5.) : « Le mot « blanc » dénote toutes les choses blanches, comme la neige, le papier, l'écume des vagues, etc. Il implique ou — selon le terme des scolastiques — connote l'attribut de blancheur ».

Une expression dénote donc la classe des objets dont elle est le nom, et connote la ou les propriétés en vertu desquelles certains individus peuvent être reconnus comme membres de ladite classe. Si dénotation et connotation sont entre eux comme extension et intention (comme beaucoup d'auteurs le soutiennent), alors la dénotation est fonction de la connotation. Autrement dit, la connotation détermine l'usage dénotatif ou référentiel possible d'une expression (voir Carnap, 1955). Nous pouvons allonger la liste des couples synonymes : dénotation /signifié chez Russell (1905), référent / référence chez Ogden et Richards (1923), extension / compréhension dans la logique de Port-Royal, *breadth / depth* chez Peirce (2.418) ; et cela bien que certains auteurs utilisent le terme de dénotation pour exprimer la référence à des individus, et extension pour la référence à des classes. L'opposition dénotation/connotation correspond enfin au couple *Bedeutung / Sinn* de G. Frege, même si — comme nous l'avons déjà souligné — le premier de ces termes a été erronément traduit par « signifié ».

La théorie de Hjelmslev s'éloigne de ces positions : comme elle porte sur la structure des systèmes sémiologiques, le problème de la référence y est moins pertinent.

Le linguiste, en effet, ne s'intéresse pas aux rapports entre le signe et son éventuel référent objectif, mais bien à la constitution interne du signe, à son pouvoir de signification, ainsi qu'au rapport entre le signifiant et le signifié. Confronté au mot /mère/, le linguiste ne se pose pas la question de savoir comment le lexème en question peut renvoyer à un objet précis : ceci relève des usages pratiques que l'on peut faire de la langue. Cependant, il n'ignore pas que /mère/ peut renvoyer à la génitrice de sexe féminin, dans le sens biologique le plus strict, aussi bien qu'à une série d'entités différentes ainsi désignées par métaphore (notre sainte mère l'Eglise, la maison mère, la mère patrie, etc.), mais encore à une série d'autres entités que le lexème suggère, telles que « amour », « protection », « nourriture », etc. En partant du principe qu'il s'agit là d'un problème de pragmatique (*cf.* 1.3.) — celle-ci étant l'usage concret que les destinataires font de la langue — la psycholinguistique se préoccupe aujourd'hui de ces possibilités évocatrices d'un terme, et construit des tests pour définir la liste des associations émotives suscitées par un terme donné (*cf.* Osgood, Suci, Tannenbaum, 1957).

Cependant, si beaucoup de sujets parlants (la majorité, en termes statistiques) répondent d'une manière donnée au stimulus émotif constitué par un terme, ne serait-ce pas parce que c'est déjà au niveau des règles de la langue qu'une expression est conventionnellement affectée de ces signifiés connexes?

Les concepts de dénotation et de connotation ont pour Hjelmslev une définition formelle très rigoureuse. Hjelmslev distingue la *sémiotique dénotative* de la *sémiotique connotative*. Dans la première, aucun des deux plans — ni celui du contenu ni celui de l'expression — n'est lui-même une sémiotique; dans la seconde, le plan de l'expression est constitué par une sémiotique. Plus tard, Barthes (1964) a schématisé cette distinction de la manière suivante:

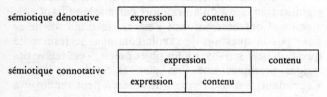

Alors que dans une sémiotique dénotative le plan de l'expression dénote un plan de contenu, dans une sémiotique connotative, les plans de l'expression et du contenu d'une sémiotique dénotative deviennent à leur tour l'expression d'un nouveau contenu. La connotation devient ainsi une sorte de superstrat sémantique. Celui-ci peut être réduit à la réaction idiosyncrasique d'un individu isolé: il dépend en effet de la structure générale d'un système de signification. Cependant, Hjelmslev paraît bien avoir restreint le champ des phénomènes de connotation: il n'a envisagé que des cas comme les accents régionaux, ou certaines caractéristiques stylistiques (une certaine manière de parler fournit des informations sur les origines ou sur le milieu social du locuteur). Mais chez Barthes (1964, 1967) et nombre d'autres théoriciens, le concept de connotation est plus large, plus systématique et plus rigoureux. Ainsi le terme /chien/ dénote « mammifère canin » (ou quelque chose d'approchant), mais connote « fidélité », ou à l'inverse, « mépris » ou encore « avarice » (dans/être chien/), « pénibilité » (dans /une vie de chien/, /un temps de chien/, /un mal de chien/). Dans ces théories, la connotation dépend de codes linguistiques et sociaux précis, donc de conventions rhétoriques ou de conventions idéologiques : pensons aux différentes connotations que la société américaine peut attacher à des expressions dénotativement équivalentes comme /black/, /negro/, /nigger/. Lorsque nous traiterons de la différence entre sémantique comme dictionnaire et sémantique comme encyclopédie, nous devrons toutefois trancher : la connotation dépend-elle du contexte, ou de sous-systèmes de significations restreints et « locaux » (en ceci qu'ils fonctionnent seulement dans le champ de certains *univers de discours)* ?

A l'intérieur de tels univers discursifs, la connotation pourra en tout cas être une notion fort utile.

Lorsque j'aborde un carrefour protégé par des feux tricolores, je sais que /rouge/ signifie « non-passage », et que /vert/ signifie « passage ». Mais je sais également que l'ordre /non-passage/ signifie « obligation », alors que la permission /passage/ signifie « libre choix » (car je peux également ne pas passer). En outre, je sais que /obligation/ signifie « amende en liquide » alors que le /libre choix/ signifie quelque chose comme « décision à prendre rapidement ».

Cette mécanique sémiotique nous amène donc à dire qu'il existe des signes lumineux dont le plan du signifié est constitué d'oppositions à caractère « circulatoire », mais que l'ensemble du signe (signal lumineux et disposition des lieux) devient à son tour le signifiant d'une disposition juridique et que le complexe des signes précédents devient à son tour le signifiant d'une sollicitation émotionnelle (« tu auras une amende » ou « dépêche-toi de te décider »...), selon le schéma suivant :

punition	← signifiant de		signifiant de →		décision
	obligation	signifiant de ←	signifiant de →	libre choix	
		non-passage	rouge	vert	passage	

S   ← s   s →   S

Le premier niveau d'association entre un signifiant et un signifié constitue une *sémiotique dénotative.* Le second niveau est une *sémiotique connotative,* dans laquelle les signifiants sont les signes (signifiant + signifié) d'une sémiotique dénotative. Le troisième niveau est une sémiotique connotative au second degré, dans laquelle les signifiants sont les signes d'une sémiotique qui est dénotative par rapport à ce troisième niveau mais qui est connotative par rapport au niveau inférieur.

Nous utilisons les signes précisément parce qu'ils sont affectés à des associations conventionnelles du genre de celles que nous avons envisagées. C'est pour cela que celui qui écrirait /halte/ sur un signal routier sait qu'il suscite des connotations d'interdiction et de peur de la sanction. C'est pour la même raison qu'un écrivain sait que s'il introduit le terme /maman/ dans un texte, il sera extrêmement difficile pour le lecteur d'éliminer les connotations associées à la dénotation primaire du terme. Il est vrai que, s'il s'impose de *ne pas* associer des sentiments de confiance et de tendresse à la mère (que l'on pense à *Médée),* les tensions dramatiques naîtront précisément de la présence de ces connotations, que d'autres aspects du texte viennent

126

contredire sans toutefois les éliminer entièrement. L'usage connotatif d'un signe est donc fondamental, au point que l'on pourrait se demander s'il existe des signes non connotatifs et purement dénotatifs. Même un signe comme +, qui semble bien être purement dénotatif et strictement *univoque,* peut être affecté de fortes valeurs connotatives, par exemple dans un bilan, où il signifiera « gains » s'il figure dans la colonne des entrées, et « pertes » s'il figure dans la colonne des sorties.

3.7. Forme, substance et continuum.

A première vue, la notion de fonction sémiotique ne paraît pas bien différente de celle de signe telle que la formule Saussure. Mais si Saussure parlait d'une substance sonore et d'une pensée que le langage organise en formes (signifiant et signifié), il restait relativement évasif sur le statut du signifié. Pour Hjelmslev, par contre, le langage organise deux types de *continuum* indistincts : celui de l'expression et celui du contenu. En leur donnant des formes, il en fait des systèmes structurés. De manière telle que les substances (une séquence donnée de sons significatifs et ce à quoi ces sons renvoient dans les circonstances précises de leur émission) ne peuvent être produites et reconnues qu'en tant qu'elles renvoient à une forme. Prenons un exemple dont nous nous sommes déjà servi : soit la production de deux substances sonores /ʃip/ et /ʃi:p/. Ces séquences ne pourront être distinguées comme constituant deux mots différents (en anglais) que parce que la forme de l'expression de la langue anglaise a organisé les phonèmes /i/ et /i:/ en un système d'opposition. De même, je puis identifier la différence de contenu entre /sheep/ (brebis) et /ram/ (bélier) parce qu'un système de contenu a organisé l'opposition entre « ovin femelle » et « ovin mâle ». On peut encore donner un autre exemple (dont nombre de langues offrent des équivalents) : le système du contenu distingue la baleine mâle de la baleine femelle, alors que le système de l'expression est dépourvu de l'opposition équivalente.

Ce que Saussure nommait la substance est pour Hjelmslev le *continuum* (qu'il désignait par un terme danois qui a fait couler beaucoup d'encre : *mening*[1]). Le continuum du contenu est la pensée même, conçue comme une masse amorphe susceptible d'être analysée depuis des points de vue variés et que les langues (avec les cultures qui leur correspondent) organisent et articulent de différentes manières. Hjelmslev suggère par exemple que le paradigme proposé par les langues lorsqu'elles désignent les couleurs nous permet de dégager le continuum amorphe que constitue le spectre lumineux ; continuum chaque fois découpé de manière originale par une langue donnée (1943 : 48 ; tr. fr., pp. 76-77). Ce découpage ne se manifeste pas qu'au niveau lexical : Hjelmslev nous rappelle qu'il existe aussi au niveau morphématique. Ainsi, les langues organisent différemment le nombre : certaines ne connaissent que le singulier et le pluriel, tandis que d'autres ajoutent le duel (voire le triel) à ces catégories. Le même phénomène s'observe dans l'organisation du temps des verbes. Le continuum reste ainsi comme la substance toujours disponible pour toute forme nouvelle.

La même remarque s'applique évidemment à l'expression. Comme on l'a vu, les divers systèmes phonologiques organisent — chaque fois de manière originale

1. La tradition française utilise plus volontiers le terme de *matière*, pour désigner ce que les versions anglaises des travaux de Hjelmslev nomment *purport* (n.d.t.).

— l'univers (le continuum) des manifestations phoniques possibles. Dans l'édition anglaise de ses *Prolégomènes* — texte qui sert de référence dans le monde scientifique international — Hjelmslev prend l'exemple du mot /ring/ (anneau). Si ce mot est signe d'un objet précis, que l'on peut porter à son doigt, cette chose que l'on met au doigt en tant qu'elle est identifiable comme anneau est une entité relevant de la substance du contenu qui, grâce au signe, est rattachée à une forme du contenu où elle s'organise avec d'autres entités relevant de cette même substance du contenu. De la même manière, la séquence de sons /riŋ/ constitue un fait unique, prononcé *hic et nunc* : c'est une entité relevant de la substance de l'expression, mais elle ne peut être identifiée comme telle que par la seule vertu du signe, lequel la rattache à une forme d'expression où elle s'organise aux côtés d'autres entités relevant de la substance de l'expression (1943 : 52-53)[1].

Ce n'est sans doute pas par hasard que Hjelmslev utilise le même terme — *mening* — pour désigner et la matière de l'expression et celle du contenu. Si nous concevons ce continuum comme un univers non encore sémiotisé, comme une masse amorphe qui peut être organisée pour exprimer quelque chose mais qui constitue également quelque chose à exprimer, nous obtenons le schéma suivant :

---

1. La traduction française (p. 82) se sert du mot *bois*, signe de tel objet du paysage qui s'articule dans la forme avec d'autres entités de la même substance, par exemple la matière dont est faite une porte (n.d.t.).

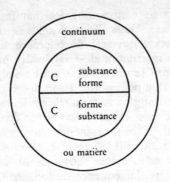

La forme de l'expression rend pertinente une portion donnée du continuum (sons, couleurs, relations spatiales), en construisant un système de types, organisé par des oppositions, et où les occurrences singulières constituent des substances. De la même manière, la forme du contenu structure des portions données (ou, idéalement, la totalité) du continuum de l'exprimable (en d'autres termes : du monde comme champ d'expérience) en un système de types, organisé par des oppositions. Alors que les acquisitions récentes de la linguistique nous ont familiarisés avec l'idée du système de l'expression, Hjelmslev éprouve quelque peine à faire concevoir le système du contenu. Toutes ses tentatives pour en illustrer l'organisation se bornent à reconstruire des micro-systèmes particuliers, comme le système des couleurs ou des entités végétales. Dans la figure qui précède, nous avons décidé de représenter matière de l'expression et matière du contenu comme une seule et même entité, en interprétant Hjelmslev selon le critère de la cohérence théorique. Le continuum dont on se sert pour communiquer est celui-là même qui est l'objet de la communication.

Tantôt la langue rend pertinents les aspects sonores du continuum pour permettre l'expression de ses aspects spatiaux (par exemple dans la formulation verbale des théories de la géométrie), tantôt les sons nous servent à exprimer les lois des sons (par exemple dans un traité sur les règles phonétiques), tantôt encore un diagramme rend pertinents les aspects spatiaux du continuum (par exemple pour représenter l'espace).

Cette conception du continuum renvoie à un débat métaphysique important et, en dernière analyse, pose la question — qui paraît d'abord n'être due qu'à une pure homonymie — du *signifié perceptif* et phénoménologique, du signifié de l'expérience, de l'identité ou de la différence entre contenu cognitif et contenu sémantique (voir en particulier Husserl, 1900-1901, Sixième recherche). Le continuum hjelmslévien représente une sorte de chose en soi, seulement connaissable à travers les organisations qu'en donne le contenu. Dire — en termes de structures du contenu — que la France est cet espace délimité par le fait qu'il n'est ni l'Espagne, ni l'Atlantique, ni la Manche, ni la Belgique, ni le Luxembourg, ni l'Allemagne, ni la Suisse, ni l'Italie, ni la Méditerranée, signifie — dirait Frege — qu'elle peut *être donnée* de cette manière comme d'une autre. La question est de savoir si le continuum connaît des tendances, voire des lois, qui donneraient à certaines organisations un caractère plus naturel qu'à d'autres.

Que Hjelmslev conçoive le continuum comme une chose déjà *dotée de sens* est suggéré par son parti — à première vue étrange — d'utiliser le même terme danois /mening/ (que l'on peut traduire par « sens ») pour désigner aussi bien la matière de l'expression que celle du contenu. D'un côté, Hjelmslev répète que ce sens est « une masse amorphe », mais il affirme également que, tout en n'étant pas objet de connaissance et tout en n'ayant pas d'existence scientifique antérieure à sa formation, il représente « un principe universel de formation ».

S'interroger sur la meilleure organisation du contenu revient à se demander quel est le rapport entre perception, « remplissage de sens » (Husserl), et activité catégorielle.

On voit que le problème sémiotique de la construction du contenu comme signifié est étroitement lié à celui de la perception et de la connaissance entendue comme co-référence du signifié à l'expérience. Et ceci explique le pourquoi de l'apparente homonymie entre signifié sémiotique et signifié perceptif, gnoséologique, phénoménologique. Le problème peut être ajourné, pour des raisons d'économie méthodologique, mais ne pourra être évacué (*cf.* Garroni, 1977). Une sémiotique parvenue à l'âge mûr devra bien se confronter à la problématique philosophique de la théorie de la connaissance. Pour l'instant, qu'il nous suffise de formuler l'hypothèse selon laquelle l'approche sémiotique du problème du signifié, telle que l'ont menée Hjelmslev et Peirce, est plus féconde que nombre d'autres démarches philosophiques.

La retombée peut-être la plus intéressante du travail de Hjelmslev est que les procédés élaborés par la linguistique contemporaine pour analyser la forme de l'expression ont pu être appliqués à l'analyse de la forme du contenu. Hjelmslev a tenté de montrer que, de la même façon qu'un mot est produit par l'articulation d'un certain nombre de phonèmes (figures de l'expression), et qu'avec un nombre réduit de tels phonèmes une langue peut produire une quantité infinie de mots, un nombre réduit de figures du contenu doit permettre de construire une quantité énorme d'unités de contenu.

Le parallélisme entre expression et contenu entraîne cette conséquence : si une expression donnée est analysable en figures, le même principe devrait s'appliquer au contenu : « Dans la pratique, l'analyse des figures du plan de l'expression se fait par division des grandeurs qui composent des inventaires non finis (...) en grandeurs qui entrent dans des inventaires finis, division que l'on continue jusqu'à ce qu'on obtienne les inventaires les plus limités. Il en sera de même pour l'analyse des figures du plan du contenu (...). Notre tâche consistera donc à poursuivre l'analyse jusqu'à ce que tous les inventaires soient aussi restreints que possible. Par cette réduction de grandeurs du contenu en "groupes", le contenu d'un signe simple se trouve identique à celui d'une chaîne de signes qui entrent dans des relations mutuelles données[1] ». Hjelmslev parle donc ici d'analyse en *composants sémantiques*.

Mais, partant comme il le fait de l'analyse d'une langue naturelle, il n'ignore pas que l'inventaire des contenus de leurs mots est illimité : les sémèmes du lexique d'une langue naturelle donnée constituent une série ouverte. Il postule cependant l'existence d'inventaires finis (sélectionnants) comme le sont ceux des contenus des suffixes de dérivation et des désinences flexionnelles, à côté des autres inventaires non finis (sélectionnés) comme le sont ceux des contenus des radicaux.

Suivons Hjelmslev. Supposons qu'il nous faille établir l'inventaire des unités de contenu « mouton », « brebis », « porc », « truie », « taureau », « vache », « étalon », « jument », « homme », « femme », « ovin » (substantif), « porcin », « bovin », « équin », « être humain ». Les dix premières entités peuvent être éliminées de l'inventaire des éléments puisqu'on peut les interpréter univoque-

1. 1943 : 64-65 ; trad. fr. : 99-100. La traduction française parle de *grandeurs* pour traduire *l'entities* du texte anglais. Cette proposition n'ayant pas été largement suivie, et la tradition italienne — et donc le texte de *Segno* — ayant opté pour *entità,* nous avons jusqu'ici utilisé *entité* et continuerons à le faire sauf lorsque les règles de citation nous imposeront *grandeur* (n.d.t.).

ment comme des unités relationnelles qui comprennent exclusivement « mâle », « femelle », d'un côté, et « ovin », « porcin », « bovin », « équin », « être humain » de l'autre. En bref, Hjelmslev propose donc une combinatoire de composants qui peut se schématiser ainsi

	ovin	porcin	bovin	équin	humain
mâle	mouton	porc	taureau	étalon	homme
femelle	brebis	truie	vache	jument	femme

Dans l'édition anglaise, Hjelmslev note cependant une chose que certains de ses traducteurs ne prennent en compte qu'imparfaitement. Hjelmslev ne parle pas, en effet, de « distinction entre mâle et femelle », mais utilise la paire de pronoms /he/ /she/ : il n'utilise pas l'expression /mouton femelle/ mais écrit /she — sheep/. Si l'on se place du seul point de vue de l'intelligibilité du raisonnement, les traductions infidèles ne nous font pas perdre grand-chose. Mais elles nous laissent ignorer que le texte anglais (dont je suppose qu'il est fidèle en ce point à l'original danois) affirme bien que /he/ et /she/, comme pronoms, appartiennent à un inventaire fini, alors que les autres figures du contenu (comme ovin ou humain) appartiennent encore à un inventaire non fini[1]. Pourtant, il ne devrait pas y avoir d'obstacle à admettre que « mâle » et « femelle »

1. La liste des termes fournis par le texte anglais est « raw », « ewe », « man », « woman », « boy », « girl », « stallion », « mare », « sheep », « human being », « child », « horse », « he » et « she ». Nous nous inspirons de la traduction italienne de Hjelmslev, où l'on trouve encore les catégories « faux bourdon », « abeille », « apidé ». La traduction française fournit des équivalents... allemands, ce qui permet évidemment de rendre compte du mécanisme illustré par la version anglaise (p. 98 : « Stier » = « er-Ochs », « Kuh » = « sie-Ochs ») (n.d.t.).

appartiennent eux aussi à un inventaire fini. Mais nous sommes déjà ici dans le monde des oppositions sémantiques (et nous devrons décider combien d'oppositions fondamentales entrent dans notre inventaire : jeune / adulte, haut / bas, etc.). Dans le cas des pronoms, Hjelmslev avait pour ainsi dire la garantie morphologique du caractère fini de l'inventaire. Mais, à ne se fonder que sur ce critère morphologique, on n'obtiendrait qu'un répertoire assez pauvre.

La conclusion de tout ceci est que Hjelmslev affirme la nécessité de trouver des inventaires finis, mais ne réussit pas à trouver les garanties d'une telle finitude. Hormis le couple /he/ /she/, tous les inventaires sur lesquels il travaille — qu'il s'agisse de mots ou de figures du contenu — apparaissent comme non finis. Le travail est cependant en train : n'a-t-on pas réussi à réduire le contenu de dix termes à 5 x 2 figures ? Mais on ne peut dire que l'idée d'un dictionnaire de composants ait abouti.

La proposition de Hjelmslev semble conforme aux exigences énoncées dans les théories sémantiques qui sont venues après lui. Dont la suivante : un dictionnaire ne doit prendre en considération que le savoir linguistique, sans se soucier de reconnaître les référents éventuels des termes dont il fournit la description intensionnelle. Un dictionnaire hjelmslevien nous dit pourquoi /une brebis est un ovin femelle/ et /si x est une brebis, alors ce n'est pas un étalon/ sont des séquences sémantiquement bien formées, même dans le cas où l'usager de la langue n'aurait jamais vu une brebis et/ou un étalon.

Sans doute Hjelmslev a-t-il été le premier auteur contemporain à se poser la question de l'analyse des unités de contenu en *traits* ou *composants sémantiques*.

3.8. Les traits sémantiques

L'analyse du signifié en composants sémantiques, ou en termes de propriétés, a été un des thèmes les plus débattus depuis Hjelmslev. Il serait inexact d'affirmer que ce débat s'est déroulé sur la scène structuraliste. Mieux : on peut affirmer que son développement a fait entrer en crise le schéma binaire rigide du structuralisme. Au cours du passage — dont nous aurons à parler (3.10) — des *théories sémantiques du type dictionnaire* aux *théories sémantiques du type encyclopédie,* on a été amené à abandonner peu à peu le modèle structuraliste ou au moins à l'amender largement.

C'est toutefois dans le cadre du présent chapitre — portant l'enseigne structurale — que nous rendons compte de ce débat. En effet, c'est dans l'univers de la pensée structuraliste que l'idée d'une *forme du contenu* s'est peu à peu frayé un chemin ; c'est là que s'est affirmée la nécessité d'élaborer un modèle de cette compétence sémantique qui permet aux usagers d'associer des contenus aux expressions de leur langue.

S'il était possible d'arriver à la construction d'un système du contenu mis *en forme, il* ne serait plus impossible de soutenir que des unités données du contenu correspondent à des unités de l'expression. De toute manière, il est assez facile d'élaborer un ensemble de traits sémantiques pour un lexème donné sur le modèle des traits grammaticaux. On pourrait ainsi analyser les mots qui suivent de la manière que l'on vient d'indiquer :

/garçon/ : Animé + Humain + Mâle — Adulte
/fille/ : Animé + Humain + Femelle — Adulte
/homme/ : Animé + Humain + Mâle + Adulte

/femme/ : Animé + Humain + Femelle + Adulte.

Des traits du genre de « Animé » sont posés afin de justifier la compatibilité du lexème avec certains verbes : ainsi, il est grammatical de dire /l'homme mange/ parce que /manger/ s'adapte positivement au trait « Animé » et indifféremment à « Humain » ou à « Animal ». Mais on ne peut dire /l'homme bourgeonne/ parce que ce verbe n'est adapté ni à « Humain » ni à « Animal » mais bien à « Végétal ». Ces valences combinatoires du verbe sont dites *restrictions sélectives* (*cf.* Lyons, 1968 ; Chomsky, 1965 ; 1972). Bien qu'elle ait donné des résultats intéressants, l'analyse en traits sémantiques sert davantage à expliquer les concordances grammaticales qu'à expliquer les concordances sémantiques (pour lesquelles on dispose d'instruments plus complexes ; voir le paragraphe suivant).

Une première objection à la démarche est que le nombre de catégories grammaticales est restreint et qu'elles sont dès lors susceptibles d'être organisées en système, alors que le nombre des catégories sémantiques est très élevé, et n'est probablement pas organisable en système.

Le grand nombre de ces catégories fait qu'il est aisé de définir /homme/ par rapport à /femme/ mais qu'il l'est moins de situer /vache/ en face de /brebis/. Il s'agit dans les deux cas d'Animés, d'Animaux, et de Femelles, et pourtant il ne s'agit pas de la même chose, comme le sait tout éleveur, même non frotté de sémiotique.

Ces derniers temps, l'analyse des composants sémantiques des unités de contenus a connu des développements importants. Le modèle d'analyse sans doute le plus célèbre a été proposé par Katz et Fodor (1964).

Ces derniers ont choisi le lexème /bachelor/ et ont tenté de déterminer ce que l'on pourrait appeler son

« spectre sémantique », ou, pour mieux dire, le système interne de son signifié, conçu comme *sémème*. Rappelons que le mot anglais /bachelor/ peut vouloir dire « célibataire », « jeune diplômé » (le *Bachelor of Arts* est détenteur d'un diplôme de premier cycle universitaire), « page », et « jeune phoque non accouplé durant la saison des amours » (sens métaphoriquement dérivé du premier). Ces différences de sens, dont l'importance n'est pas à souligner, sont dites *différenciateurs* et, dans le schéma qui suit, nous les transcrirons entre crochets droits. Entre parenthèses, nous transcrirons les *marqueurs sémantiques* élémentaires, comme Mâle et Adulte. Sans parenthèses, nous aurons les *marqueurs syntaxiques,* qui peuvent coïncider plus ou moins bien avec les marqueurs sémantiques :

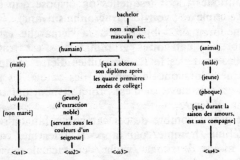

Chacun des *parcours* représentés par les lignes réunissant marqueurs sémantiques et différenciateurs constituent des lectures possibles, et donc des *sens. Si* l'on veut, le signifié est le complexe des sens possibles d'un sémème.

Le sens n'apparaît que dans *l'amalgame* avec les autres sens possibles des autres sémèmes apparaissant dans le contexte. Ce sont les *restrictions sélectives* (qui apparaissent entre soufflets dans le diagramme et sont symbolisées par les lettres grecques) qui interviennent pour favoriser tel ou tel amalgame. Une restriction sélective est une « condition nécessaire et suffisante », formellement exprimée, qui autorise un sens à s'associer à un autre sens d'autres sémèmes. Par exemple, $\omega 1$ doit établir que ce sens vaut seulement dans un contexte où des relations matrimoniales sont en jeu, alors que $\omega 3$ établit qu'il s'agit d'un contexte où il est question d'achèvement ou de non-achèvement d'une certaine activité. De cette façon, il est possible d'avoir deux amalgames qui assignent à deux occurrences de /bachelor/ deux sens de lecture différents dans deux énoncés distincts : par exemple /a married man is no more a bachelor/ (un homme marié n'est plus célibataire) et /my husband is a Bachelor of Arts/ (mon mari est diplômé de la faculté des Lettres). Il subsiste évidemment des expressions ambiguës comme /Cette étudiante refuse d'épouser Louis parce qu'il n'est pas *bachelor*/ : mais ici le contexte qui précède la phrase devrait aider à établir la nature exacte des amalgames.

Un inconvénient de ces analyses est que les différenciateurs ne sont pas des composants minimaux, mais constituent eux-mêmes des définitions complètes, lesquelles doivent à leur tour être définies ; la démarche est donc peut-être intéressante pour établir les caractères sur lesquels un dictionnaire de lexèmes devrait être composé, mais elle n'explique pas comment un système sémantique élémentaire peut s'articuler. Un autre inconvénient est que l'analyse peut établir les usages différents d'un lexème, mais qu'elle ne nous éclaire pas sur les contextes et les circonstances où ces lexèmes peuvent être utilisés. Un troisième inconvénient enfin est que le spectre componentiel que nous avons obtenu éclaire sans aucun doute les cas d'homonymie (et c'est loin d'être inutile pour un lexicographe), mais n'enregistre pas toutes les connotations possibles du terme ; c'est ainsi que « célibataire » (une fois que l'on a convenu d'assigner ce sens à /bachelor/) peut connoter « libertinage », « irresponsabilité » ou « liberté » selon le contexte où le mot apparaît. Comme on le voit, les deux dernières objections reposent sur le problème de l'usage contextuel et circonstanciel des signes.

Katz et Fodor répondent à cela qu'une théorie des contextes impliquerait une recension exhaustive de toutes les occurrences possibles d'un lexème, et qu'elle devrait donc prévoir tous les événements possibles dans l'univers. On peut rétorquer que, dans une société donnée, un lexème est utilisé dans certains contextes et dans certaines circonstances de préférence à d'autres contextes et circonstances ; et que, plus un code est organisé, plus il devrait prendre ces circonstances en charge.

Prenons un exemple. Soient deux expressions :
/il faut emmener le lion au zoo/ et /il faut emmener Pierrot au zoo/. Il est évident que le premier /emmener/ assume un sens proche de capture (et de punition si le lion s'est échappé) et que le second, plus vague, suggère une idée de récompense ou de didactisme. En l'absence d'une théorie des contextes et des circonstances, on ne peut établir par des règles sémantiques la raison pour laquelle la première expression doit être interprétée d'une autre manière que la seconde.

Mais supposons qu'un spectre sémantique ne se limite pas à des marqueurs sémantiques, à des marques différenciatrices et à des restrictions sélectives, mais comporte encore des *marqueurs connotatifs* et des *sélections circonstancielles*. On posera que /lion/ n'est d'habitude utilisé que dans trois contextes : le zoo, le cirque et la jungle. On peut aussi admettre que /zoo/ implique des connotations de carcéralité et de sécurité, de la même manière que /cirque/ implique des connotations de spectacularité et de dextérité. Le sémème « lion » pourrait alors connaître des sélections circonstancielles telles que, lorsqu'il est amalgamé à « cirque », il connote la dextérité et la domestication ; et que, lorsqu'il est amalgamé à « jungle », il connote la sauvagerie, la liberté et le danger. Il n'y a pas d'autres contextes possibles, tout au moins dans l'usage courant. Dès lors, le sémème « lion » serait également porteur de règles (enregistrées par le code) établissant son sens connotatif dans des contextes donnés.

La méthode de Katz et Fodor a été approfondie (Weinreich, 1965), et on a suggéré des méthodes alternatives (Bierwisch, 1970) qui tendent à isoler, pour chaque sémème, des composants relationnels plus généraux. Par exemple, le spectre componentiel d'un verbe comme /tuer/ pourrait être exprimé par l'intermédiaire de règles du genre :

tuer : Sujet X cause de (Objet Y < Animé > Changé en Objet Y non Animé).

On aperçoit aisément que les mots exprimant des liaisons entre d'autres termes (comme Cause, Transformation, Encouragement, etc.) peuvent être analysés comme des relations formelles. De cette manière, la composition sémantique des sémèmes se verrait retraduite en termes de pures corrélations, par l'utilisation d'un nombre restreint d'opérateurs, et la reformulation métalinguistique des expressions linguistiques qui apparaissent encore comme inanalysées chez Katz et Fodor.

Mais il y a encore deux objections à ceci. La première est qu'il n'est pas évident que ce type de décomposition puisse s'appliquer à des termes se référant à des « choses » aussi bien qu'aux mots désignant des actions (avec les premiers, on en reviendrait à l'analyse componentielle appliquée à /bachelor/). La seconde est que, pour pouvoir fonctionner comme système de règles, même les liaisons exprimées par un langage symbolique de type logique doivent faire partie d'un système et non d'un répertoire ad hoc. Ainsi, pour justifier les termes métalinguistiques qu'elle utilise à propos du sens des termes linguistiques, l'analyse componentielle doit être en mesure de composer un système de ces termes métalinguistiques, système qui ne serait rien d'autre que celui de *la forme du contenu*.

3.9. Le Système du Contenu

Il y a eu jusqu'à présent diverses tentatives pour construire un système du contenu. Une des plus significatives (Greimas, 1966) prévoit quelques unités sémantiques élémentaires (qui seraient des catégories mentales correspondant à des aspects fondamentaux de l'expérience) ordonnées selon des *axes d'opposition,* et dont tout signifié participe. Greimas choisit ainsi quelques structures élémentaires de la signification. Ce sont les *axes sémantiques,* comme ceux que l'on observe dans :

route nationale	*vs*	départementale
grand	*vs*	petit
femme	*vs*	homme, etc.

L'opposition n'est envisagée que d'un seul point de vue, lequel constitue l'axe sémantique. Ainsi, dans l'opposition femme *vs* homme, l'axe est le sexe. Mais le signifié « femme » (que nous considérerons ici comme sémème) est le lieu de rencontre de différentes unités sémantiques que Greimas appelle *sèmes* (dans un sens différent de celui de Buyssens). La Féminité, par exemple, est un *sème,* à son tour opposé à Masculinité, sème qui n'appartient cependant pas exclusivement à « femme » mais aussi à « brebis », « oie », « vache ».

Un lexème comme /haut/ se distinguerait alors de /long/ en ceci que le premier possède des sèmes de Spatialité, de Dimensionnalité, Verticalité, et que le second possède des sèmes de Spatialité, Dimensionnalité, Horizontalité et Perspectivité.

Le lexème est donc le lieu de la manifestation de sèmes qui proviennent fréquemment de catégories et de systèmes sémiques divers, et qui présentent entre eux des relations hiérarchiques et dès lors hypotaxiques.

Voyons, par exemple, la manière dont Greimas (1966 : 33) décrit le système sémique de la spatialité :

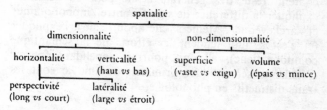

Ainsi, tout sème (par exemple, l'Horizontalité qui s'oppose à la Verticalité) s'établit sur la base d'une distinction qui constitue l'axe sémique (par exemple la Dimensionnalité). Mais, à son tour, ce sème (par exemple l'Horizontalité) devient l'axe sémique de deux sèmes sous-jacents (ici Perspectivité et Latéralité).

Nous avons ici l'exemple du système de la spatialité ; mais qu'en est-il du système de la temporalité ? et de la corrélation entre ces deux systèmes ? Comme on le voit, on pourrait poursuivre la recherche jusqu'à l'infini. Mais il y a autre chose : même poussée très loin, cette taxinomie ne nous fournit que des subdivisions sémiques très générales. Comment puis-je, dès lors, distinguer sémiquement /fauteuil/ de /chaise/ ? Pottier élabore pour cela une série de matrices ressemblant à celles qui ont été créées par Greimas pour Haut et Bas, et

143

distingue fauteuil, chaise, escabeau, pouf et divan par la présence et l'absence de traits sémantiques comme « avec bras », « moelleux », etc. : un pouf sera moelleux mais sans bras ni dossier, un escabeau n'aura pas de bras et ne sera pas moelleux, et ainsi de suite, toute la famille ayant en commun le trait de « sédibilité » (Pottier, 1965). Mais ces traits ne ressemblent pas à Horizontalité et à Verticalité : ils sont d'application trop particulière, et constituent des définitions et non des éléments primaires.

Ainsi, si elle veut être précise, la formalisation du contenu reste très générale et ne peut en définitive expliquer la différence de signifié entre /hippopotame/ et /archevêque/. Même si elle aboutissait à l'expliquer (et c'est à quoi tendent les efforts de la sémantique componentielle), elle ne pourrait cependant fournir d'éléments sémantiques primaires comme le sont les traits distinctifs en phonologie.

3.10. Dictionnaire et encyclopédie

Ces problèmes ont suscité un vaste débat sur deux modèles opposés de représentation du contenu : le « modèle dictionnaire » et le « modèle encyclopédie ».

3.10.1. Dictionnaire et encyclopédie sont deux modèles abstraits qui se proposent de décrire la forme de notre conscience sémiotique Disons que l'idéal que s'assigne le dictionnaire est de décrire cette connaissance en termes exclusivement linguistiques, alors que l'encyclopédie entend rendre compte aussi de notre connaissance du monde (*cf.* Wilson, 1967, Katz, 1972 et 1979, Leech, 1974, Lyons, 1977, Haiman, 1980 et Eco, 1984). Cette distinction ne porte évidemment pas sur les dictionnaires et les encyclopédies « en chair et en os », volumes qui se vendent sous ces dénominations. En général, d'ailleurs, ces répertoires présentent un certain mélange des deux modèles (*cf.* Weinreich, 1980, Rey-Debove, 1971). Certains dictionnaires courants nous apprennent que /taureau/désigne un « animal du genre bovidé, mâle et adulte » — définition qui, nous le verrons, relève du modèle dictionnaire —, tandis que d'autres nous disent que le /tigre/ est un « grand animal carnivore à pelage jaune strié de noir » — définition typiquement encyclopédique.

L'embarras que manifestent les dictionnaires en chair et en os n'est rien d'autre qu'un témoignage de l'ambiguïté de la position dictonnairique : celle-ci ne peut en effet distinguer de manière claire entre information linguistique et connaissance du monde. Pour Katz (1972), un dictionnaire devrait expliquer les phénomènes suivants : (a) la *synonymie* (comment deux mots peuvent-ils avoir le même signifié ?) ; (b) la *ressemblance* et la *différence* sémantiques (pourquoi les mots /vache/ et /tante/ ont-ils un composant sémantique commun, qui les oppose tous deux à /ombre/ et /réflexe/, par exemple ?) ; (c) l'*antonymie* (comme dans /chaud/ *vs* /froid/ ; (d) l'*hyperonymie* et l'*hyponymie* (/rose/ est hyponyme par rapport à /fleur/, qui est son hyperonyme) ; (e) la *régularité* et l'*anomalie* sémantique (/savon parfumé/ fait sens, mais non /prurit parfumé/ ; ceci du moins en termes d'usage littéral, et non rhétorique) ; (f) l'*ambiguïté* sémantique (qui fait que /grenade/ peut aussi bien désigner un fruit qu'une arme) ; (g) la *redondance* sémantique (/mon oncle masculin/ fournit une information superflue) ; (h) la *vérité analytique* (selon laquelle l'énoncé /les oncles sont masculins/ est toujours vrai, en raison de la définition de /oncle/) ; (i) la relation de *contradiction* (qui fait que /les oncles sont féminins/ est toujours faux, en raison de la même définition); (j) la vérité *synthétique* (/les oncles sont généraux/ n'est ni vrai ni faux au regard de la définition dictionnairique de /oncle/); (k) l'*incompatibilité (inconsistency)*, principe qui fait que les énoncés /Jean est vivant/ et /Jean est mort/ ne peuvent être simultanément vrais; (l) l'*implication (entailment)*, relation telle que l'énoncé /cette fleur est rouge/ implicite /cette fleur a une couleur/); (m) la *question oiseuse*[1] (l'énoncé /cet oncle est-il masculin?/ comporte en lui-même sa propre réponse); (n) la *présupposition* (/où est ma tante?/ présuppose /ma tante est en un lieu quelconque/).

A peu près tous les cas énumérés peuvent se ramener à l'analycité et à l'implicitation. D'un côté, un dictionnaire se doit d'être analytique : les propriétés d'un terme qu'on y trouve lui appartiennent en vertu de sa propre définition, et ces propriétés ne sont ni vérifiées ni falsifiées par une vérité factuelle. D'un autre côté, le système des propriétés (que sont les traits sémantiques) doit être hiérarchisé de façon à ce que les traits d'un rang inférieur implicitent ceux d'un rang supérieur (toute rose est nécessairement par définition une fleur, et toute fleur est un végétal).

3.10.2. Mais pour répondre à ces exigences, un dictionnaire devrait disposer d'un nombre fini de traits sémantiques, et ces traits devraient être des *primitifs* : ils ne devraient plus être susceptibles d'analyses ultérieures. Or cette rigueur ne peut être atteinte que par deux voies. Ou bien l'on identifie des traits qui seraient des *universaux sémantiques,* intuitivement connus de tous les locuteurs (ceux-ci devraient par exemple possé-

1. En italien « domande che si autorespondono », qui traduit l'anglais « self-answered questions ». A. Rey (1976 : 237) traduit par « question-réponse » (n.d.t.).

der immédiatement, sans l'aide du dictionnaire, les notions de /mâle/ ou /humain/ ou /rouge/). Ou bien on établit un système conventionnel de *postulats de signification* (Carnap, 1955) tel que l'on décidera, par exemple, que si tel objet est un corbeau, alors cet objet devra toujours être considéré comme noir.

Le malheur c'est que (i) il n'existe pas de critère pour établir si un trait est analytique ou synthétique ; (ii) toute tentative pour identifier un bloc d'universaux sémantiques s'est toujours limitée à de petites portions du lexique ; (iii) enfin, une représentation dictionnairique n'explique pas pourquoi le locuteur est à même de comprendre les énoncés formulés dans sa langue. Comme nous le verrons plus loin à propos des interprétants, toute forme d'une langue peut être expliquée par le moyen de définitions, de paraphrases, de traductions ou d'autres termes, et ainsi de suite, sans que le processus soit nécessairement fini. Il n'y a aucune raison d'avancer que /homme/ doit être défini par les traits « humain » et « mâle », et que /humain/ et /mâle/ ne sont pas à leur tour analysables. Russell avait bien proposé une solution, selon laquelle les universaux non définissables devaient être des mots-objets *(object words),* autrement dit des mots dont on fait l'apprentissage à travers l'expérience directe et exclusive de l'objet correspondant. Cependant (a) le nombre des mots-objets pourrait être illimité ; (b) comme le suggérait Russell lui-même, pour un enfant qui aurait toujours vécu dans une chambre blanche décorée de pentagrammes noirs, /pentagramme/ serait un mot non susceptible d'analyse, alors que /rouge/ devrait faire l'objet d'une définition ; (c) afin de véhiculer grâce à des primitifs une connaissance purement linguistique, indépendante de la connaissance du monde, un dictionnaire devrait se fonder, pour l'élaboration de ses primitifs, sur cette même connaissance du monde.

3.10.3. Pour résoudre ces problèmes, d'autres théories avancent que notre compétence sémantique prend la forme d'une encyclopédie, où sont confondues connaissance du monde et informations linguistiques. Certes, les partisans du modèle-dictionnaire soutiennent qu'une encyclopédie est potentiellement infinie (mais nous avons vu que le dictionnaire tombait aussi sous le coup de cette objection). A cela les partisans de l'encyclopédie répondront que (a) l'encyclopédie est un postulat sémiotique, une hypothèse épistémologique qui doit stimuler les explorations et les représentations partielles et locales de l'univers encyclopédique ; (b) il n'y a pas de différence entre connaissance linguistique et connaissance du monde : dans les deux cas, il s'agit d'une connaissance culturelle, au sein de laquelle tout fait est expliqué par d'autres faits encyclopédiques ; (c) la connaissance encyclopédique n'inclut pas — comme le craignent les partisans du dictionnaire — toutes les connaissances idiosyncrasiques possibles que peut détenir un individu isolé, mais seulement celles que la culture engrange dans le patrimoine des connaissances collectives. Soit cet exemple simple : si j'entends le mot /train/, je puis, pour des raisons personnelles, penser à ma grand-mère, avec qui j'ai tant voyagé par chemin de fer ! Cela ne signifie pas que tout ce qui concerne la vie de ma grand-mère fait partie de la définition encyclopédique de /train/. Par contre, en font partie le fait que c'est un véhicule, susceptible de transporter des personnes et des marchandises, qu'il se meut sur roues, qu'il a été inventé au siècle dernier et qu'il marchait d'abord à la vapeur, qu'il utilise aujourd'hui principalement la traction électrique, que pour l'utiliser il faut payer un billet, qu'il a été chanté par certains poètes comme le symbole du progrès, que sa vitesse la plus élevée reste inférieure à celle des avions, etc. Evidemment cette connaissance socialisée des trains est très vaste et en constante évolution. Chacun d'entre nous n'en domine qu'un secteur (en matière de trains, un ingénieur détiendra une connaissance encyclopédique plus vaste que celle du biologiste) et chaque locuteur ne mobilisera qu'une partie réduite de sa connaissance, selon les contextes où il aura à l'utiliser.

Une représentation encyclopédique devrait donc disposer d'un ensemble d'instructions concernant la manière de comprendre un terme donné dans les contextes où, statistiquement, il apparaît le plus fréquemment. On a parlé à ce sujet de sémantique à instructions (Schmidt, 1973). Dans notre *Traité* (Eco, 1975), nous avons proposé un modèle d'analyse componentielle de type encyclopédique tenant compte des *sélections contextuelles* et *circonstancielles.* Par exemple, la définition de /baleine/ doit prendre en compte le fait que dans les contextes anciens l'animal désigné est un poisson et dans les contextes modernes un mammifère ; la définition de /aile/ doit tenir compte du fait que les traits ou propriétés entrant en jeu dans les contextes biologiques (aspect externe, structure interne, fonction, etc.) sont différents de ceux qui se manifestent dans des contextes mécaniques, alors même qu'un ensemble de propriétés de base caractérisent /aile/ dans quelque contexte que ce soit. Dans Eco 1979, nous ajoutons que la représentation encyclopédique doit également retenir ce que les études sur l'Intelligence Artificielle nomment *frames* (dans une acception que l'on pourrait rendre par *scenarii* ou *mises en scène ; cf.* Minsky, 1974, Winston, 1977, Schank, 1975 et 1981, van Dijk 1977). Par exemple à l'expression /gare/ est associée une série de *frames* décrivant ce qui se passe dans une gare et quelles sont les procédures que doit suivre celui qui veut prendre un train ou attendre un voyageur. Devant un énoncé comme /je suis arrivé tard à la gare, et j'ai pris mon billet dans le train/, un locuteur de compétence moyenne, ou une machine programmée pour tirer des inférences d'un répertoire de *frames,* comprendront parfaitement ce qui n'est que sous-entendu : que les trains partent à heure fixe, que l'auteur de la phrase n'a pas fait la queue au guichet, qu'il a donné de l'argent au contrôleur, et ainsi de suite.

3.10.4. Une sémantique encyclopédique annule la différence entre propriétés analytiques et propriétés factuelles ou synthétiques. Ce que nous prenons habituellement pour des propriétés analytiques — comme par exemple le fait que la rose soit une fleur — sont les propriétés qu'une culture ne met pas en discussion. Alors qu'il reste discutable qu'une rose soit nécessairement belle, ou nécessairement précieuse (*cf.* Quine, 1951). Putnam (1975) a proposé de distinguer quatre choses dans la description du signifié d'un mot comme /eau/ :

Traits syntaxiques	Traits sémantiques	Stéréotypes	Extension
nom, concret	genre naturel	incolore	H_2O
	liquide	transparent	
		insipide	
		désaltérant	
		etc.	

Il reste toutefois difficile de distinguer entre informations stéréotypiques et traits sémantiques. Quant à l'extension, Putnam y place les propriétés que l'objet possède indépendamment de notre connaissance. Mais on peut voir dans ces propriétés d'autres informations encyclopédiques, spécifiques et disponibles pour les seuls spécialistes.

Plus souple apparaît le modèle de représentation encyclopédique proposé par Petöfi et Neubauer (1981) à propos du terme /chlore/ :

A. Connaissance commune	B. Connaissance scientifique
	1. Connaissance chimique
Genre: élément	*Elément, catégorie:* non métallique
Couleur: verdâtre	*Famille* : halogènes
Odeur: désagréable et piquante	*Symbole* : Cl
	Valence : univalent
	Occurrence : dans les corps chlorés
	Composition : NaCl, HCl

2. Connaissance physique
Etat naturel : gazeux
Autres états : liquide
Poids : 2,5 fois celui de l'air
Nombre atomique : 17
Masse atomique : 33,453

3. Connaissance biologique
Effet sur les organismes vivants: suffocation

4. Connaissance géologique
Quantité dans la croûte terrestre: 0,15 %

5. Informations historiques
Découverte: Scheele 1774, Davy 1810
Autres recherches: Production de chlore liquide en 1823

6. Informations étymologiques
Origine : du grec Khlôros

7. Connaissance industrielle
Production : Electrolyse du chlorure de sodium
Usages : Blanchiment du papier et des textiles, désinfectant (germicides et pesticides), armes chimiques
Conservation: à froid et à sec en conteneurs métalliques

Toutes ces informations font partie d'une compétence linguistique potentielle, et il est impossible d'y faire le départ entre traits dictionnairiques et traits encyclopédiques. Même la différence entre connaissance commune et connaissance scientifique dépend probablement du contexte. On pourrait sans doute trouver des usagers qui connaissent la formule chimique du chlore tout en ignorant que le corps est verdâtre. Cette représentation fait également l'économie de la distinction entre informations sur les stéréotypes et informations sur l'extension. On peut très bien utiliser le mot /chlore/ pour désigner une classe d'objets en sachant seulement qu'il s'agit d'un liquide désinfectant, verdâtre et à l'odeur désagréable. A ce propos, Putnam a fait observer à de multiples reprises que si dans un monde semblable au nôtre — une Twin Earth — on nommait /chlore/ un désinfectant liquide, verdâtre et à l'odeur désagréable mais qui ne serait pas chimiquement le corps Cl, avec ses poids et nombres atomiques particuliers, on devrait parler de simple homonymie. Nous ne pouvons toutefois pas exclure que la science découvre de nouvelles propriétés du chlore telles qu'il faille diviser la classe de ce que nous appelons /chlore/ en deux classes de liquides aux propriétés subtilement différentes. Nous admettrons donc que les propriétés sur lesquelles nous nous fondons pour définir le contenu des expressions dépendent de l'état historique de nos connaissances et que nous privilégions certaines d'entre elles à un moment déterminé de notre développement culturel. Comme on l'a déjà rappelé, les Esquimaux ont une riche batterie de termes pour définir la neige, suivant les interactions qu'elle a avec les exigences de leur survie. Ils « voient » donc des objets différents là où nous n'en percevons qu'un, avec une extension unique (au sens de Putnam). Il n'est guère utile de se demander qui a raison, de nous ou des Esquimaux. Disons simplement — en termes hjelmsleviens — que les deux cultures segmentent et organisent différemment le continuum de la matière, en privilégiant du coup certaines propriétés par rapport à d'autres.

3.10.5. Dans la perspective d'une représentation sémantique conforme au modèle encyclopédique, les traits sémantiques, les synonymes, les paraphrases et les instructions contextuelles cessent d'être des *constructs* métalinguistiques pour devenir des *interprétants,* susceptibles d'être à leur tour interprétés par d'autres interprétants (sur ceci, voir 5.5.).

Est interprétant tout autre signe ou complexe de signes (quelle que soit la substance dans laquelle s'actualise sa forme expressive) qui, dans des circonstances adéquates, traduit le premier signe.

Selon cette définition, l'interprétant peut être un autre signe de la même sémie (exemple : un synonyme) ; un signe relevant d'une autre sémie mais utilisant la même substance expressive (exemple : un terme équivalent dans une langue étrangère, différant donc du premier sur le plan de la forme de l'expression) ; un signe relevant de sémies utilisant d'autres substances (un dessin, une couleur) ; un objet utilisé comme signe ; une définition intensionnelle des propriétés communément assignées à l'objet présumé du signe (soit une définition intensionnelle plus ou moins complète des composants sémantiques du sémème qui lui correspond) ; un aspect de ces composants, apte à se substituer au signe dans un contexte donné (dans le contexte /l'homme mange les animaux/ le signe /animaux/ peut être remplacé par une partie de ses composantes, comme « viandes d'animaux abattus » à l'exclusion de tout autre sens possible du sémème « animaux ») ; une connotation émotive ou intellectuelle si étroitement associée à ce signe que, dans le contexte approprié, il en devient le substitut adéquat (dans l'expression /le cœur a ses raisons/, le terme /cœur/ peut être interprété dans le sens de « sentiment », bien que la connotation « sentiment » soit seulement une des composantes périphériques du sémème « cœur) ; etc.

L'interprétant n'est pas simplement un signe traduisant un autre signe (même si c'est souvent le cas) ; c'est toujours et dans tous les cas une *expansion* du signe, un *surcroît cognitif* induit par le signe initial. Cette nature ressort plus clairement lorsque l'interprétant apparaît sous les espèces de la définition, de l'inférence, d'une analyse componentielle de tous les sens possibles d'un sémème, de la caractérisation du sémème en termes de sélections contextuelles et circonstancielles, et donc en termes d'usages possibles du signe. La théorie des interprétants s'acquitte ainsi de la tâche que Peirce lui assignait : faire de la vie des signes le dynamisme même de la connaissance en perpétuel progrès.

3.11. Les unités culturelles

Tout interprétant d'un signe est une unité culturelle, ou unité sémantique. Dans une culture donnée, ces unités s'organisent en un système d'oppositions ; ce jeu de relations peut être nommé Système Sémantique Global. On dit fréquemment que ces unités structurent des Champs sémantiques, ou qu'elles se répartissent sur des Axes oppositionnels. Le système des unités sémantiques traduit la manière dont une culture donnée segmente l'univers du perceptible et du concevable et élabore la Forme du Contenu.

3.11.1. Les unités sémantiques sont indépendantes des unités signifiantes qui peuvent les représenter. Ainsi, dans deux cultures différentes, de larges zones du système sémantique peuvent se structurer de manière comparable, mais, à chaque unité structurelle ainsi isolée, les langues en question feront correspondre des signifiants différents. Une unité culturelle peut être traduite par un signe donné, sur la base du code, ou par une autre unité culturelle (ou une séquence d'unités culturelles) qui en constitue la définition intensionnelle.

154

De toute manière, une unité culturelle est elle-même un signe, puisqu'elle peut signifier le signifiant qui lui correspond dans une langue donnée. C'est ce qui arrive quand à la question /Comment appelle-t-on en français le lieu géométrique de tous les points, situé à une même distance d'un point donné?/ on donne la réponse /la circonférence/ ; cette réponse *vaut pour* « le lieu ainsi décrit en géométrie vaut pour l'entité linguistique que le dictionnaire enregistre sous l'entrée /circonférence/ ». Ainsi, la définition géométrique aussi bien que la figure qui lui correspond dans un dictionnaire ou dans un traité de géométrie sont des interprétants du signe verbal ; mais dans un diagramme ou dans un raisonnement abstrait, ce sont des signifiants — simples ou complexes —, signifiants dont l'interprétant peut être le mot qui leur correspond.

3.11.2. Une des objections que l'on peut formuler à l'encontre de la définition du signe consiste à affirmer que les *syncatégorématiques* ou formateurs n'auraient pas de signifié. La notion d'unité culturelle rend cette objection caduque. De la même façon que le signe /cheval/ (qu'il soit verbal ou visuel) renvoie à une position précise dans le système d'unités culturelles constituant le champ des entités zoologiques, un signifié comme /aller/ renvoie à une position déterminée dans un système qui oppose diverses activités cinétiques possibles (de « s'éloigner de l'interlocuteur » à « se rapprocher de celui-ci », opposition sémantique qui peut correspondre à l'opposition lexématique /aller/*vs*/venir/). On peut tenir le même type de raisonnement à propos des particules et des opérateurs logiques. Le fait que /à/ puisse signifier une chose dans /être à Paris/ et une autre dans /aller à Paris/ veut simplement dire que /à/ est un signifiant très homonymique, qui renvoie à plusieurs positions dans le champ des corrélations de mouvement, d'appartenance, etc. Ainsi donc, /à/ possède un signifié et renvoie à une unité culturelle au même titre que /cheval/.

On peut aussi affirmer la même chose des noms propres de personnes, qui, selon certains auteurs, indiqueraient ou signaleraient, mais ne signifieraient pas. Il suffit pourtant que quelqu'un demande /mais qui donc est Jean?/ et qu'on lui réponde /c'est le cousin d'Henri/ pour comprendre que l'unité culturelle correspondant au nom propre est une position donnée dans un système de parenté. Que les noms propres aient un haut degré d'homonymie (et que de nombreuses unités culturelles puissent donc correspondre au signifiant /Jean/) est un fait purement empirique. D'ailleurs, personne n'utilisera le nom /Jean/ si un contexte n'a pas préalablement organisé le champ sémantique auquel on se reporte. Que quelqu'un crie /Jean!/ dans une cité populeuse, et l'on verra un certain nombre de Jean(s) apparaître aux fenêtres : signe que pour chacun le nom renvoie à une unité sémantique précise ; c'est l'insuffisance du contexte qui a empêché les récepteurs d'identifier le champ sémantique spécifique auquel il se rapportait.

3.11.3. La notion d'unité culturelle résout également le problème du signifié des signes musicaux, qui, pour certains, ne sont que pures valeurs syntaxiques. En effet, un son émis par un instrument renvoie à une position précise dans le champ culturalisé qui a organisé ce son dans un système où prennent place d'autres sons (par exemple le système tonal et, dans ce système tonal, l'emplacement du ré bémol mineur). Dans ce champ, tout son est sémantiquement défini comme terme syncatégorématique, en même temps que s'établissent les possibilités d'accords avec les autres sons du même système.

3.11.4. La notion d'unité sémantique peut apparaître comme tautologique, à l'instar de celle d'interprétant. En effet, elle ne peut être appréhendée qu'à travers d'autres éléments, dont la traduction est toujours elle-même une unité sémantique. Mais ceci, qui constitue le cycle de la sémiose, n'est rien d'autre que la règle suivant laquelle nous parlons et raisonnons. C'est l'immense variété des interprétants qui permet de toujours traduire une unité culturelle par un interprétant identifiable. Quant aux phénomènes relevant de la perception, ou bien ils sont organisés sur la base des unités culturelles préexistantes ou bien, en s'organisant, ils donnent naissance à de nouvelles unités culturelles, dont l'apparition restructure le champ sémantique et impose l'invention de nouveaux signes ; ou encore ils sont purement et simplement ignorés et ne deviennent donc pas objets d'échange sémiotique.

Enfin, la notion d'unité sémantique apporte une solution aux contradictions qui naissent :

— du *réalisme naïf,* lequel fait correspondre un objet physique à un signe donné, ce qui n'est pas exact. (Par contre, si la correspondance est établie entre signe et classe d'objets, cette classe est précisément ce que nous entendons par unité culturelle.)

— du *behaviourisme,* qui, à un signe, fait correspondre un comportement. Ce qui empêche de définir et les signes auxquels ne correspond aucun comportement observable et ceux qui, mal interprétés (ce éventuellement de propos délibéré), induisent un comportement *sui generis.*

— du *mentalisme,* qui voudrait qu'au signe corresponde, en qualité de signifié, une entité non observable

— idée, concept, état de conscience, etc. Pointons une version particulière et aujourd'hui abandonnée du mentalisme qu'est *l'intuitionnisme :* cette pensée voudrait qu'aucune unité sémantique ne soit vraiment et manifestement première, car chacune de ces unités est la traduction d'autres unités qui doivent nécessairement la précéder, non seulement suivant un ordre logique, mais aussi selon les différentes étapes de l'apprentissage individuel.

3.11.5. Une unité culturelle est une entité *tangible* et *manipulable.* Elle est tangible parce que, dans le champ d'une culture, elle se manifeste à travers ses interprétants : mots écrits, dessins tracés, définitions formulées, gestes et comportements particuliers que la convention a érigés en entités sémiotiques, etc. L'unité culturelle est, avec le signifiant, l'unique entité qui puisse être empiriquement *touchée,* si l'on admet qu'on la « touche » toujours sous les espèces d'un de ses interprétants. L'unité culturelle peut être *manipulée* parce qu'elle est systématiquement définie comme valeur dans un système d'oppositions.

Prenons le cas d'un automate figurant un joueur d'échecs. Supposons qu'on ait prévu dans son champ sémantique les unités culturelles « terreur » et « paralysie ». Il suffit que l'automate puisse émettre un comportement (un type de relations entre éléments électroniques) qui corresponde à deux situations physiques signifiantes (se réalisant, selon les contextes, de diverses manières synonymes), correspondant à leur tour aux phases du jeu que sont /échec et mat/ et /pat/. A la phase de mat correspond une corrélation interne dont l'interprétant est « fin du jeu et situation négative ». Cette situation interne devient le signifiant de la connotation « terreur ». A la phase pat correspond un interprétant « Tout mouvement place le joueur dans la situation de mat », qui devient à son tour le signifiant de la connotation « paralysie ». Nous ne dirons pas que l'automate *éprouve* ces deux sentiments. On dit seulement qu'il est possible de le construire de manière que se constituent dans ses circuits deux corrélations qui entrent en relation systématique d'opposition avec toutes les autres possibilités, et qui sont deux unités appartenant à un champ d'unités possibles. Ces unités ne se confondent pas avec les phases du jeu, qui restent extérieures à l'automate. Ce sont deux positions d'un système de positions possibles, positions correspondant aux stimulus émis par les deux configurations du jeu (lesquels se réalisent dans la *substance* échiquéenne et dans la forme qui est le jeu d'échec). On ne peut décrire terreur et paralysie que comme situations du jeu, ou comme corrélations des circuits internes de l'automate, ou encore comme réponses émanant de celui-ci. Mais elles existent en tant qu'unités et sont manipulables en cette qualité, au point qu'elles peuvent être éliminées si l'on fournit d'autres règles sémantiques à l'automate ; autrement dit si l'on découpe d'une manière différente l'espace (la substance) de ses situations corrélationnelles possibles.

3.12. Encyclopédie et Système Sémantique Global

3.12.1. Une représentation encyclopédique où les interprétants sont définis comme unités culturelles présuppose l'existence d'un Système Sémantique Global qui devrait s'identifier à la totalité de notre connaissance du monde, dans la mesure où celle-ci est socialement stabilisée. Un tel système global ne peut évidemment qu'être une hypothèse méthodologique, un postulat sémiotique.

Définir et décrire exhaustivement ce système est chose impossible. Non seulement à cause de son ampleur, mais aussi parce que les unités culturelles se restructurent continuellement dans le cycle illimité de la sémiose, soit sous l'impulsion de perceptions nouvelles, soit à cause du jeu de leurs contradictions réciproques. Ainsi va la vie de la culture.

Postulé comme fondement de la signification, le système sémantique peut être décrit (et dès lors institué) sous la forme de champs et d'axes partiels.

Pour expliquer qu'un signe ou un ensemble de signes peut être décodé d'une certaine manière, on lui postule un corrélat sémantique : un champ d'unités correspondant à celles que les signes dénotent et à celles qui ne sont pas dénotées mais qui, par opposition, rendent évidentes les unités dénotées. On peut envisager que, dans une situation sémiotique différente, il faille postuler un champ différent du premier, et peut-être même contradictoire avec celui-ci. Le Système Sémantique Global, terme idéal du processus, est le lieu des champs et des axes partiels, qu'ils soient complémentaires ou contradictoires. On peut le décrire, partiellement et de manière toujours révisible, dans le mouvement d'une pratique sémiotique. Mais en tant qu'objet d'une théorie sémiotique, ce n'est rien d'autre qu'une utopie, un postulat régulateur. La difficulté qu'on éprouve à constituer une logique rigoureuse des langages naturels vient du caractère contradictoire et dynamique du Système Sémantique Global. Une sémiotique est une discipline qui, loin de soutenir l'impossibilité d'expliquer le fonctionnement des langues naturelles, affirme que ce fonctionnement peut être décrit par des règles configurationnelles fixes, mais aussi que ces configurations sont en constante évolution.

La condition d'existence du processus que constitue

le Système Sémantique est la systématicité. Cette systématicité ne peut faire l'objet d'une description que pour chacun des secteurs sur lesquels se focalise l'attention sémantique. /Rouge/ s'oppose à /vert/ dans le code des feux tricolores, et y renvoie à l'opposition « passage *vs* non passage ». /Rouge/ s'oppose à /noir/ à la roulette, et renvoie alors à l'opposition « gain *vs* perte », selon la manière dont la mise a été déposée (la mise constituant un signe métalinguistique, qui établit par exemple que « le rouge sera le signe d'un gain »). Pour Moïse, sur la rive de la mer Rouge, le signifiant /passage/ signifie « salut » (*vs* « esclavage »), mais au moment où l'armée du pharaon s'approche, /passage/ signifie « esclavage » (*vs* « salut ») pour le même Moïse. Les axes sémantiques se restructurent continuellement en fonction des situations ; mais il est nécessaire qu'*ils existent* pour qu'une signification s'élabore. Toute étude sémiotique se doit d'ordonner le plus grand nombre possible de ces oppositions apparemment discordantes dans des modèles où leurs relations prennent la forme de *règles de transformation* plus générales. Dans de nombreux cas, et pour de vastes zones du Système Global, la chose sera possible, de sorte que l'on arrivera à constituer d'importants Champs Sémantiques solidement structurés. Mais la sémiotique se refuse l'espoir d'isoler et de décrire ce Système Global. Si cette description devait advenir, alors s'arrêterait ce mouvement de créativité continuelle qu'implique la vie de la sémiose.

Dans cette perspective, toute la culture est conçue comme un système de systèmes de signes dans lequel le signifié d'un signifiant devient à son tour le signifiant d'un nouveau signifié, quel que soit le système en cause (paroles, objets, marchandises, idées, valeurs, sentiments, gestes ou comportements). La sémiotique est ainsi la forme scientifique que revêt l'anthropologie culturelle.

La culture est la manière dont, dans des circonstances historiques et anthropologiques données, le système se voit découpé, en un mouvement d'objectivation de la connaissance. Cette segmentation opère à tous les niveaux, depuis les unités perceptuelles élémentaires jusqu'aux systèmes idéologiques.

Car une culture segmente le contenu en érigeant au rang d'unités culturelles non seulement ces unités élémentaires que sont les couleurs, les liens de parenté, les noms des animaux, les parties du corps, les phénomènes naturels, les valeurs et les idées, mais aussi ces portions plus vastes du contenu que sont les *idéologies.* Les positions idéologiques sont engendrées par les oppositions de longues chaînes syntagmatiques structurées selon certains axes. La nature « idéologique » des idéologies tient à cette manœuvre spécieuse qui consiste à tenir pour définitivement établis des champs sémantiques partiels et à ne pas les situer dans le cadre des relations plus générales nouées par le Système Sémantique Global.

Ce Système Global, non seulement mettrait ces champs partiels en relation, mais, en les comparant, ferait ressortir leur contradiction. La critique des idéologies consiste à restituer les champs sémantiques partiels dans un jeu plus vaste de corrélations, de manière à mettre en évidence le caractère précisément partiel des oppositions à l'œuvre.

3.12.2. La notion d'Encyclopédie comme Système Sémantique Global apporte un correctif à l'idée de Code. Dans nombre de théories sémiotiques, le code risque bien de n'être qu'un système simple de correspondances terme à terme, système rigide et immuable. Le Système Sémantique Global, au rebours, ne peut être représenté dans sa totalité parce qu'il est en perpétuel mouvement, et que ses modifications sont déterminées par la vie même de la sémiose.

Alors que la restructuration des systèmes de signifiants est relativement lente, les systèmes sémantiques se restructurent assez vite : c'est même là ce qu'il faut entendre par la vie d'une culture. Cette réorganisation peut se faire à travers des *jugements sémiotiques* ou des *jugements factuels.*

La restructuration interne procède par émission de signes complexes qui constituent des *jugements sémiotiques,* ou *analytiques.* Par définition, ces jugements consistent à attribuer à une unité culturelle tout ou partie des caractéristiques sémantiques que le code lui assigne (/la lune est le satellite de la terre/). Mais étant donné l'ampleur du répertoire de ces composantes, certaines de ces dernières peuvent se révéler contradictoires. Le jugement analytique qui met cette contradiction en lumière peut déboucher sur deux issues : ou bien l'on produit des messages ambigus, à des fins esthétiques (ou encore pour mentir et tromper) ; ou bien la définition même de l'unité culturelle entre en crise, ce qui met le système dans l'obligation de se restructurer.

La restructuration externe procède par *jugements factuels,* ou *synthétiques.* Sur la base d'expériences nouvelles, ceux-ci attribuent à l'unité culturelle de nouvelles composantes sémantiques, ce qui oblige tout le système à se restructurer. (Cette restructuration peut évidemment n'affecter que des champs et des axes partiels). De la sorte, l'univers de la sémiose est un univers en évolution. Y postuler des structures ne signifie nullement postuler son immobilité : il s'agit au contraire d'identifier le mécanisme structural de son changement.

C'est donc en suscitant des jugements factuels que les

forces matérielles exercent une action sur leurs supers-tructures, c'est-à-dire l'univers de la sémiose.

Mais dans la mesure où les forces matérielles doivent être coulées dans des signes pour pouvoir être comprises et pensées (rapports de forces économiques, valeurs relatives des biens, communications idéologiques), elles prennent elles-mêmes place dans la sémiose, sous forme de signes, et sont dès lors soumises à l'influence de cette sémiose. Dans la production de jugements, celle-ci détermine en effet certaines conditions des attitudes pratiques présidant aux changements des forces en question.

En raison de tout ceci, et pour d'autres motifs encore, la sémiotique n'est pas seulement une théorie : c'est une pratique incessante. Elle l'est parce que le système sémantique évolue, et qu'elle ne peut le décrire que de manière partielle, sur la base d'événements communicationnels concrets et ponctuels. Elle l'est encore parce que l'analyse sémiotique modifie le système qu'il met au jour. Elle l'est enfin parce que la pratique sociale elle-même ne peut trouver son expression que dans la sémiose. Les signes constituent donc bien une *force sociale,* et non de simples instruments reflétant des forces sociales.

CHAPITRE IV

LES MODES DE PRODUCTION SÉMIOTIQUES

4.1. L'articulation des signes non linguistiques

Nous avons vu que le modèle structural pouvait théoriquement s'appliquer au système sémantique, c'est-à-dire à l'organisation du signifié.

Il faut à présent s'interroger sur l'hypothèse selon laquelle le modèle, élaboré dans l'univers de la linguistique, est applicable à tous les systèmes de signes. L'effort le plus intéressant qui ait été consenti pour tester cette hypothèse l'a été par Luis Prieto, dont la réflexion s'inscrit, mais avec plus de rigueur logique, dans le droit fil de la pensée de Buyssens (Prieto, 1966). Prieto s'est cependant borné à examiner des systèmes de signes artificiels et arbitraires — comme le code de la route, la numérotation des trams et des chambres d'hôtel, la communication par pavillons, etc. Il n'a pas envisagé de systèmes (pour autant qu'il s'agisse bien de systèmes) comme les signes iconiques. Et lorsque, dans ses analyses, il rencontre un signe de ce genre, il le traite comme une entité indivisible (comme un sème, au sens de Buyssens).

Prenons pour exemple un système de communication très simple, comme celui de la numérotation des chambres d'hôtel. Le numéro /77/ indique une chambre précise, et a donc (outre un référent) un signifié, puisque le portier associe à un signifiant une image mentale, une traduction par le moyen d'autres signes, une description, bref quelque chose qui peut être défini comme un signifié. Quel est le signifié de /77/ dans ce code ? C'est « la huitième chambre du septième étage » ; le premier 7 indique en effet l'étage et le second la huitième chambre de cet étage (huitième, parce que la numérotation commence à 70). Evidemment, si l'hôtel a aussi des chambres au rez-de-chaussée, le premier /7/ pourrait signifier sixième étage (à moins, qu'à ce rez-de chaussée, la numérotation ne soit 00, 01, 02, etc.). Nous nous trouvons donc devant un code à une articulation : ses monèmes sont les chiffres simples qui indiquent un étage ou une chambre suivant leur position, et qui s'articulent en syntagmes significatifs (comme /77/) sans qu'ils puissent à leur tour être décomposés en unités non dotées de signification, à l'instar des phonèmes (Hjelmslev propose d'appeler figure toute unité élémentaire d'un système sémiotique).

Prenons à présent le code établissant le signifié des numéros des autobus dans une agglomération. Le /21/ pourrait signifier « de la place Cathédrale au Laveu ». /21/ est un monème qui ne peut pas être combiné dans une articulation plus vaste, et qui provient lui-même de la combinaison syntagmatique d'unités de seconde articulation (/2/ et /1/) lesquels, pris isolément, n'ont pas de signification et n'ont qu'une valeur différentielle, par rapport à /0/ et /3/.

Un autre exemple peut être le suivant :

Il s'agit d'un énoncé complexe signifiant « Interdit aux cyclistes ». Il se compose de deux signes de rang inférieur : un disque blanc, entouré d'une couronne rouge, signifiant « interdit », et un vélo, signifiant « l'ordre en question concerne les cyclistes » ou « cyclistes ». Cet énoncé est émis sur la base d'un code qui ne dispose que de la première articulation. Disque blanc bordé de rouge et image de vélo ne peuvent être décomposés en éléments plus petits et qui seraient dépourvus de signification. Ils se combinent au niveau de la première articulation et pourraient, dans d'autres combinaisons, renvoyer à d'autres signifiés. Par exemple le même disque avec un dessin de camion signifierait « interdit aux poids lourds ».

Prieto procède à un classement des signes fondé sur des règles ensemblistes, et distingue des :

(a) *codes sans articulation,* dont voici quelques exemples :

codes à sème unique (la canne blanche de l'aveugle, qui renvoie à l'opposition présence ou absence du sème) ;

codes à signifiant zéro (la flamme de l'amiral signifie « présence de l'amiral à bord », et son absence « amiral à terre ») ;

feux tricolores : chaque énoncé indique une tâche à accomplir (rouge signifie « passage interdit », etc.), mais l'énoncé ne s'articule ni en signes ni en figures élémentaires ;

(b) *codes à seconde articulation seulement*. Exemples : *lignes d'autobus à deux chiffres* (voir l'exemple analysé plus haut), *signaux marins* à bras. Les positions des deux bras sont des figures, qui se composent pour former des signes dotés de signifié, mais le signifié de ces signes est une lettre de l'alphabet, et l'articulation de ces lettres ne relève plus des règles de ce code, mais de celles du code linguistique ;

(c) *codes à première articulation seulement*. Exemples : *numérotation des chambres d'hôtel* (voir ci-dessus), *signaux routiers* (voir ci-dessus, l'exemple du signal « interdit aux cyclistes »), *numérotation décimale* (qui fonctionne aussi par dizaines et unités) ;

(d) *codes à double articulation*. Exemple : le *langage verbal,* les *numéros téléphoniques* à six, sept et huit chiffres (les groupes de chiffres indiquent le secteur, ou un réseau plus petit, et enfin un poste précis dans ce réseau, tandis que les chiffres isolés qui composent ces groupes n'ont pas de signifié propre, mais seulement une valeur différenciatrice).

On peut en outre concevoir des codes à articulation mobile. Un exemple typique est celui des cartes à jouer, qui voient les valeurs de leurs articulations se modifier suivant le jeu choisi (lequel jeu fait donc office de code), voire au cours des différentes phases du même jeu.

La matrice du jeu de cartes prévoit :

(a) des *éléments différentiels à valeur numérique*. Ce sont les valeurs de 1 à 10 ou 13 (les images du roi, de la reine et du valet ne sont que des artifices de reconnaissance : ce sont en fait les valeurs numériques occupant le plus haut rang) ;

(b) des *éléments différentiels à valeur héraldique :* cœur, carreau, trèfle, pique ;

(c) des *combinaisons de (a) et de (b)* : par exemple le sept de pique ;

(d) des possibilités de *combinaisons de plusieurs cartes* : par exemple trois as.

Au poker, les éléments (a) et (b) sont des éléments de seconde articulation, donc sans signification (figures), qui se combinent pour former des éléments (c) de première articulation, dotés de diverses significations (si j'ai un as en main, je sais que cela va me permettre d'intéressantes combinaisons), lesquels se combinent en syntagmes de type (d), à la signification plus riche : *brelan d'as, quinte flush,* etc.

Cependant, selon les phases du jeu, les éléments (a) ou (b) acquièrent des valeurs différentielles différentes : dans une quinte, les éléments (b) ont une valeur nulle (s'il me faut un dix, il est indifférent qu'il soit de cœur ou de pique), alors que dans un flush, ce sont les éléments (a) qui ont une valeur nulle et les (b) qui ont une valeur différentielle ; dans la quinte flush, enfin, les deux types d'éléments ont une valeur. Dans certaines réussites, ce sont surtout les éléments (a) qui ont une valeur significative car je puis additionner trois et cinq pour faire un huit. Au valet noir, un seul élément (e) — le valet de pique — a une valeur d'opposition par rapport à toutes les autres cartes avec lesquelles il ne peut constituer de paire (il marque la défaite du joueur qui s'en trouve le détenteur à la fin de la partie).

En alignant d'autres exemples, on démontrerait avec plus de netteté encore combien le principe de l'articulation, en s'appliquant à divers systèmes, jouit d'une valeur descriptive puissante, permettant de décrire ces systèmes dans leur particularité. Ainsi, on a pu identifier des systèmes à *triple articulation,* comme le cinéma (Eco, 1968). Pour la description de certains types de signes cependant, le modèle linguistique peut constituer une hypothèque.

4.2. Les limites du modèle linguistique

C'est en effet un tout autre problème qui se pose lorsqu'on envisage la structure des signes comme les signes « iconiques » ou les « index », qui semblent se présenter sous forme d'unités indifférenciées (voir le § 2.8.). On les nomme en effet *énoncés iconiques*. Enoncés, parce que la photo du Président de la République ne signifie pas seulement « Président de la République », mais aussi, par exemple, « M. Untel, Président de la République, en pied, de face, souriant, vêtu de sombre, etc. ».

Par ailleurs, les prétendus signes iconiques relèvent d'une autre catégorie de signes, et doivent donc être décrits sur la base de leurs modes de production. Leur analyse interne sera menée sur cette base, ce qui nous éloignera du modèle articulatoire. Toutefois, un signe « iconique » peut être décomposé en éléments différentiels dépourvus de signifié, par exemple dans les procédés de reproduction photomécanique ou dans la programmation d'images digitalisées. Si nous examinons une photo dans un quotidien, nous voyons qu'elle se décompose en une multitude de points organisés en réseau ; ces éléments peuvent être classés d'après le type de technique de reproduction adopté : on peut avoir une simple opposition de noirs et de blancs, ou un système de grandeurs différentes, ou d'intensités différentes, ou encore un système de configurations formelles différentes, etc. Dans tous les cas, ces éléments minimaux du système se combinent pour composer l'énoncé iconique, de sorte que l'on pourrait parler d'énoncés complexes, pouvant être subdivisés non en *signes,* mais en *figures.*

On a aujourd'hui tenté certaines expériences pour analyser les signes iconiques relevant de certains types de convention — ou de style — afin de voir si, à configurations égales, correspondaient des effets de signifié figuratif égaux (V. p. ex. Cresti, 1972). Mais le problème reste pendant et, comme on le verra au paragraphe 5.3.4., mobilise des questions philosophiques et psychologiques bien plus vastes.

Dans certains cas (par exemple celui des signes iconiques), le modèle linguistique peut produire un effet paralysant. L'énumération des différentes possibilités articulatoires, telle qu'elle est proposée par Prieto, montre que la description des signes peut échapper à l'impérialisme linguistique. On peut, comme on l'a vu, nommer signes des choses qui mobilisent des rapports de signification même lorsque leur structure interne n'est pas celle des signes linguistiques, et l'on devrait fournir la description de cette structure interne, même quand elle est différente de la structure linguistique. La plupart de ces nouvelles procédures de description sont encore à mettre au point : les recherches sont en cours. Mais on ne peut nier que la discipline linguistique se pose aujourd'hui comme la plus riche et la plus approfondie des recherches sur le signe, maturité que lui valent des siècles de discussion. Ainsi, il sera bien malaisé de se soustraire à l'influence de ce modèle, qui a heureusement fécondé la recherche sémiotique dans son ensemble. Avant de corriger ce modèle, ou de le déclarer inopérant, il importe dès lors d'enquêter soigneusement, afin de voir jusqu'à quel point il est utilisable.

Il faut donc refuser les conclusions hâtives des linguistes et des sémiologues qui ont refusé le statut de signe à des phénomènes qui s'adaptaient mal au modèle linguistique. Mais il faut tout autant éviter les transpositions faciles de ce modèle à des types de signes qui ne peuvent s'en accommoder.

En résumé, le problème sémiotique est le suivant : comment élaborer une définition générale qui soit valide à la fois pour le modèle linguistique et pour tous les autres types de signe ?

4.3. Les modes de production du signe

Dans Eco 1975, nous avons proposé une classification sémiotique du point de vue des opérations que l'émetteur et le destinataire doivent mener pour produire et interpréter des signes, aussi bien isolés qu'en contexte. Ces modes de production sont examinés dans le tableau ci-après. On n'y trouvera pas des types de signes, comme dans les typologies traditionnelles, mais des types de modalités productrices de signes. En d'autres termes, des catégories comme réplique ou ostension ne se réfèrent pas à des types de signes particuliers, mais à des processus génétiques. En d'autres termes encore, une même entité identifiée comme signe peut être produite et interprétée selon divers modes de production, pouvant interférer entre eux ; on le verra mieux à travers les exemples proposés à la fin de ce paragraphe.

Notre classification des modes de production sémiotique se fonde sur quatre paramètres :

— le *travail matériel* nécessaire à la production des expressions. Il va de la simple *reconnaissance* d'une chose déjà dotée d'une existence physique à la production de *répliques* de cette chose et même jusqu'à *l'invention* d'expressions encore inconnues, en passant par *l'ostension* de la chose ;

— le rapport entre le *type* abstrait et son *occurrence* concrète (en anglais : *type* vs *token*) ;

— le genre de *continuum matériel* manipulé en vue de produire l'expression ;

— le *mode d'articulation* et sa *complexité*. Cela va des systèmes où les unités sont bien codifiées à ceux que l'on appréhende à travers des textes dont les unités sont malaisément repérables (on distingue aussi les cas où les unités sont discrètes et s'organisent par oppositions des cas où l'on a un continuum gradué).

Pour des raisons de simplicité, nous ne prendrons ici en considération que les deux premiers paramètres.

4.3.1. Nous distinguons quatre types de travail matériel :

(a) *La Reconnaissance :* un objet ou un événement donné, produit par la nature ou par l'action humaine, est mis en relation avec un certain contenu par un interprète humain qui n'a pas lui-même produit matériellement cet objet. Comme cas de reconnaissance, nous citerons les *empreintes* (par exemple les traces laissées par un animal), les *symptômes* (par exemple les traces d'une affection de l'organisme sur le visage de celui qui en souffre) et les *indices* (par exemple les objets abandonnés par un assassin sur les lieux de son crime).

(b) *L'Ostension*. Elle a lieu lorsqu'un objet préexistant est choisi et désigné comme représentant de la

Travail matériel requis pour la production de l'expression	Reconnaissance			Ostension			Réplique				Invention	
	empreintes	symptômes	indices	exemples	échantillons	échantillons fictifs	vecteurs	stylisations	unités combinatoires	pseudo unités combinatoires	stimuli programmés	congruences / projections / graphes (transformations)
Ratio difficilis — **Ratio facilis** (rapport type-occurrence)	hétéromatériel motivé			homomatériel					hétéromatériel arbitraire			
Continuum à former	unités grammaticalisées prétables, codifiées et hypercodifiées selon diverses modalités de pertinentisation											textes proposés et hypocodifiés
Mode d'articulation												

TYPOLOGIE DES MODES DE PRODUCTION SÉMIOTIQUE

classe à laquelle il appartient. Je puis montrer un objet entier comme *exemple* d'une classe (une cigarette isolée, pour dire « cigarettes »), ou la partie d'un objet comme *échantillon* du tout dont elle est la partie (un paquet de cigarettes pour signifier les paquets de cigarettes en général), ou encore produire un *échantillon fictif*. Si par exemple, j'imite les gestes d'un bretteur alors que je n'ai pas d'épée en main, j'accomplis une partie seulement de l'acte que je veux signifier. Il en va de même lorsqu'un mime feint de fumer, pour signifier « cigarette », « fumeur » ou « tabagisme ».

(c) *La Réplique*. On l'obtient lorsque l'on produit une occurrence d'un type abstrait. Les mots en sont un bon exemple. Ils appartiennent toutefois à une catégorie restreinte de répliques : les *unités combinatoires*. Car il faut encore faire place à d'autres types de répliques. Ainsi les stylisations. Le roi des jeux de cartes en fournit un bon exemple : il lui suffit de se conformer à certaines exigences du type — présence d'une couronne, d'une barbe, etc. — et on peut, pour le reste, broder sur ce thème. En architecture, l'arc, la colonne, le chapiteau fournissent des exemples de stylisation. Dans la langue, nous aurons certaines formules de politesse, comme celles que l'on échange lors de présentations. Que l'on dise /enchanté/, /ravi/, /comment allez-vous?/, /tout le plaisir est pour moi/, /heureux de faire votre connaissance/, etc., c'est toujours le même signifié qui est exprimé : le type n'impose que l'émission d'expressions indiquant la satisfaction. On peut ranger au nombre des répliques les *pseudo-unités combinatoires*. Ainsi des lignes d'un tableau de Mondrian ou des notes d'une partition : il est difficile d'en déterminer le signifié, offertes qu'elles sont à diverses interprétations, et privées qu'elles sont d'un lien rigoureux à un contenu précis. On pourrait dire qu'il s'agit d'unités prêtes à devenir des fonctifs, sans que leur destin sémiotique soit prédéterminé. C'est encore parmi les répliques qu'on rangera les *stimuli programmés*. Il s'agit d'expressions que le destinataire ne perçoit pas nécessairement comme des phénomènes sémiotiques (et auxquelles il réagit dès lors selon la dynamique stimulus — réponse), mais que l'émetteur a produites en sachant bien qu'au stimulus correspondra nécessairement telle réponse : on a donc une association conventionnelle entre stimulus et réponse prévue. Les *vecteurs* constituent un dernier type de réplique. Il s'agit d'expressions qui présentent les mêmes caractéristiques spatiales et temporelles que leur contenu. Par exemple une flèche présentée vers la droite véhicule le contenu « aller à droite » ; la succession des termes dans l'énoncé français /Pierre bat Paul/ indique que Pierre est le sujet de l'action et Paul son objet : si l'on renversait l'ordre des termes (/Paul bat Pierre/), on permuterait du même coup l'ordre du contenu.

(d) *Les Inventions*. On range parmi les inventions, les *congruences,* les *projections* et les *graphes* (nous utilisons ici des catégories géométriques et topologiques). Mais pour expliquer adéquatement ce type de production sémiotique, il faut au préalable envisager le second paramètre de la classification proposée : le rapport entre type et occurrence.

4.3.2. Lorsqu'on produit une expression, on fabrique une occurrence en suivant des règles de conformité à un type abstrait (lequel constitue donc un « paquet » d'instructions). Pour comprendre ce qui suit, il faut avoir à l'esprit que le rapport entre type et occurrence porte en anglais le nom de *Type / Token ratio*. Les mots de la langue constituent un bon exemple d'une relation type — occurrence que nous appellerons *ratio facilis.*

Soit, en allemand, le type du mot /Hund/ (« chien »). Il comporte quatre phonèmes, qui doivent être associés dans un ordre donné, et une fois que les règles de leur production phonétique ont été établies, même un synthétiseur pourrait en produire l'actualisation. L'expression est associée au contenu par une convention culturelle. Mais la *ratio facilis* ne préside pas à la réalisation des seuls signes dits arbitraires. Les symptômes, par exemple, sont motivés (sans être « semblables » pour la cause à l'affection qu'ils trahissent). Ils peuvent être produits artificiellement, et donc être contrefaits, mais ils sont produits et reconnus grâce à leur conformité à un type, décrit dans les ouvrages de symptomatologie. Ils sont donc gouvernés par la *ratio facilis*.

Considérons à présent un signal routier se présentant sous la forme d'une flèche orientée de droite à gauche. Ce signal est arbitrairement associé à l'ordre « tourner à gauche », mais est associé à « gauche » par un lien *motivé*. Notons que cette flèche pourrait être utilisée en ville dans toutes sortes de situations, pour signifier différentes choses : même si elle ne se rapportait à aucune position précise d'un contexte spatio-temporel, elle resterait en quelque sorte *spatio-sensitive*. La relation entre l'expression qu'est la flèche et son contenu est donc gouvernée par la ratio *difficilis* : le type de l'expression coïncide avec le type du contenu.

Nous insistons encore une fois sur le fait que cette classification des modes de production sémiotique ne coïncide en aucune façon avec une typologie des signes. La flèche de la signalisation routière est communément décrite comme un signe unique, mais elle est en réalité le résultat de plusieurs types de production sémiotique : c'est une unité combinatoire régie par la *ratio facilis* parce que son type abstrait préexiste (il est même enregistré dans les manuels de conduite automobile) ;

c'est aussi une stylisation : grande ou petite, longue ou courte, sculptée ou peinte, de quelque couleur qu'elle soit, elle reste fonctionnelle, parce que l'on a respecté certaines de ses propriétés fondamentales (par exemple sa base doit être plus longue que sa hauteur, de façon à ce que l'on perçoive le rapport spatio-sensitif entre gauche et droite, et non pas un rapport entre haut et bas). En ceci, elle est régie par la *ratio difficilis,* car elle a une propriété vectorielle.

On doit insister sur le fait que la *ratio difficilis* ne s'établit pas entre une expression et l'objet à quoi elle réfère, mais entre une expression et son contenu. Prenons le cas de la boussole et de sa structure élémentaire (la rose des vents). La forme de l'expression « n'imite » en aucune manière la forme du globe terrestre et sa position par rapport au soleil. Pour représenter notre planète, la culture occidentale n'en a sélectionné que quelques traits pertinents, comme la sphéricité ; transformée dans un diagramme circulaire bidimensionnel. L'orientation des points cardinaux est elle-même conventionnelle. On s'en persuadera en considérant la svastika, qui représente le mouvement du soleil : la svastika nazie (a) ne représente ce mouvement que pour celui qui est tourné vers le sud, alors que si nous nous tournons vers le nord, le mouvement du soleil sera représenté par la svastika la plus fréquemment utilisée en Extrême-Orient (b) :

(a)   (b)

Une grande partie des cartes du Moyen Age mettaient l'Afrique en haut et l'Europe en bas, ou encore l'est — siège du paradis terrestre — là où nous mettons le nord. Ainsi la rose des vents n'est qu'un exemple parmi les diverses représentations possibles de l'orientation spatiale. On peut donc dire que le schéma de la boussole relève de la *ratio facilis* dans la mesure où sa représentation est prescrite par un type culturel, mais aussi que ce type est également gouverné par la *ratio difficilis,* car l'expression connaît des relations d'ordre identique à celle du contenu auquel il renvoie : si l'Afrique est située au-dessus, l'Asie devra nécessairement se trouver à gauche et l'Amérique à droite. On ne peut en effet changer arbitrairement les positions respectives des points cardinaux ; on peut certes modifier la place d'un quelconque de ces points, mais la position des autres en découlera, sans qu'aucune décision arbitraire ne puisse intervenir. L'établissement d'une carte de géographie suppose des conventions de projection (on en connaît différentes espèces), mais convention ne signifie pas arbitrarité, pas plus que la motivation n'exclut l'accord conclu dans une culture donnée. Certaines conventions se fondent sur des motivations physiques, et cette motivation entraîne l'adéquation entre l'expression et le type du contenu, sous certains aspects au moins, ou du point de vue d'une description donnée.

4.3.3. Nous pouvons à présent revenir au dernier mode de production sémiotique : l'invention.

On parlera d'invention dans les cas où l'expression ne peut être produite par la référence à un type expressif, parce que ce type n'a pas encore d'existence, et ne peut non plus être associée à un type stable du contenu, parce que ce dernier n'a pas encore été défini par la culture. Essayons d'imaginer ce qui s'est produit lorsqu'on a inventé le cadran solaire, avec son gnomon. L'inventeur a projeté (au sens géométrique du terme) une expérience concrète sur un diagramme expressif. Par projection, il faut entendre un ensemble d'opérations culturelles établissant une homologie entre ce qui est projeté et le résultat de l'opération, sur la base de règles proportionnelles ; dans ce processus, on retient certains aspects, dès lors pertinents, et l'on en néglige d'autres, non pertinents. En ce sens, une pyramide de quelques centimètres de haut, sur une base de quelques centimètres carrés, peut constituer une projection géométriquement correcte de la pyramide de Chéops, même si l'original présente un format tout différent et est fait d'autres matériaux.

Il y a un éventail très large d'inventions : depuis celles qui présentent le plus haut degré de pertinentisation (à chaque point du modèle du contenu ou de l'objet réel correspond un point de la substance de l'expression) et qui sont les *congruences,* dont l'exemple le plus typique est le masque mortuaire, jusqu'à celles où la correspondance entre type du contenu et expression est d'ordre logique et non spatial : ce sont les *graphes.* Par exemple, un lien généalogique entre A, B et C peut être représenté de droite à gauche, de haut en bas, voire par une spirale, laquelle peut aussi bien être parcourue du centre à la périphérie que dans le sens inverse.

Les cas d'invention sont donc tous ceux où la règle de corrélation entre expression et contenu est proposée pour la première fois. Les empreintes, que nous avons rangées parmi les reconnaissances, ne sont pas des inventions : bien qu'elles procèdent par projection, leur expression préexiste à la reconnaissance, et n'est pas inventée au moment même où se manifeste le modèle du contenu.

4.3.4. Au moment d'en terminer avec cette typologie des modes de production sémiotique, il convient de se demander jusqu'à quel point elle peut s'appliquer à des phénomènes sémiotiques différents. A titre d'expérience, nous examinerons deux objets indubitablement dissemblables : l'objet architectural et l'expression verbale.

La sémiotique de l'architecture a suffisamment démontré que les objets architecturaux sont des expressions qui véhiculent des contenus fonctionnels et sociaux (*cf.* Eco, 1968). Il serait cependant erroné de considérer le produit architectural comme un signe simple : c'est plutôt un texte, dans lequel des phénomènes de production sémiotique bien différents entrent en jeu.

Soit un escalier. Il dénote sa fonction, et peut connoter le rang de celui qui le gravit (escalier d'apparat, escalier en colimaçon d'un phare...). C'est un cas de stylisation (la typologie de cet objet est éminemment flexible : ses réalisations peuvent être très différentes les unes des autres, mais on y reconnaîtra toujours des escaliers). C'est aussi le résultat d'une réplique d'unités pseudo-articulatoires. En même temps, son inclinaison en fait un cas de vectorialisation : en vertu de ses propriétés physiques, l'expression nous communique la direction qui est imposée aux usagers désireux de monter ou de descendre. Prenons maintenant une chaise. Elle aussi nous communique sa fonction. Sa forme est en effet la projection de celle d'un corps humain assis (trois segments perpendiculaires : le tronc, les cuisses, les jambes); elle est également l'empreinte d'un type idéal du corps humain. Elle connote aussi le rang ou la dignité de son utilisateur (trône, chaise de café ...). Enfin, c'est une stylisation : pour communiquer sa fonction primaire — qui est de s'asseoir, quel que soit le statut de celui qui s'assied —, elle doit en effet répondre à un petit nombre de traits pertinents, à côté d'autres traits accessoires qui peuvent être fort variés.

181

On pourrait mener la même analyse à propos de l'expression verbale. Essayons de nous figurer tous les modes de production sémiotiques qui concourent à l'émission et à l'interprétation d'un énoncé. L'exemple choisi est celui de quelqu'un qui cherche à imiter un Américain parlant le français et qui dit : /Ah ! ah ! quand vous dites « jeuw vais ow cabaréi », ça va sans dire que vous êtes Américain !/

Chacun des mots de l'énoncé est un exemple d'unité combinatoire réglée par la *ratio facilis*. Mais dans le même temps, d'autres modes de production se manifestent :

— /Ah ! ah !/ : cette émission constitue un symptôme, qui permet au récepteur d'apprécier l'état d'exaltation de l'émetteur. C'est aussi un stimulus programmé (puisqu'il vise à éveiller l'attention du destinataire). Si ce /Ah ! ah !/ n'est pas une véritable exclamation, mais n'en est que l'imitation, nous avons une stylisation, en même temps qu'un échantillon fictif. Dans la mesure où l'interjection /Ah ! ah !/ est une émission vocale étudiée par la paralinguistique, et n'appartient donc pas pleinement au système linguistique, il s'agit d'une unité pseudo-combinatoire. Tout ceci relève de la *ratio facilis* ;

— /quand vous dites ... ça va sans dire/ : la construction, qui est du type « si — alors », exprime une relation temporelle, ou de cause à effet : il s'agit d'un cas de vectorialisation. D'autre part, le syntagme /vous dites/ représente lui-même un cas de vectorialisation : il suffirait de renverser ses termes en /dites-vous/ pour obtenir une expression renvoyant à un contenu interrogatif. Toutes ces relations sont gouvernées par la *ratio difficilis* ;

— /Jeuw vais ow cabaréi/ cite une expression prononcée par un Américain s'efforçant de parler français. Nous sommes donc en présence d'une ostension, et plus particulièrement d'un échantillon fictif (car il ne s'agit pas de l'ostension de la véritable phrase, mais bien d'une de ses imitations). L'énoncé est en même temps le symptôme d'une origine ethnique, quand bien même il serait contrefait. Et comme il existe déjà un répertoire de caricatures d'accents, nous sommes devant un cas de *ratio facilis*. Mais si la phrase tentait de reproduire l'accent inimitable d'un individu particulier, nous aurions un cas d'invention. Invention qui, comme toute caricature, privilégierait et mettrait en évidence quelques traits seulement de l'élocution d'origine, et serait donc un cas de projection : *ratio difficilis* ;

— /ça va sans dire/ : il s'agit d'une phrase toute faite (un ready made syntaxique), et donc d'une stylisation.

L'analyse pourrait se poursuivre. Mais il nous suffisait de montrer à quel point, même pour une fonction sémiotique relativement peu complexe, interfèrent des modes de production aussi variés.

On observera qu'en utilisant une typologie de ce genre, une théorie sémiotique transcende le modèle linguistique. Les modes de production ici étudiés ne sont en soi ni linguistiques ni extralinguistiques. Ce sont des catégories sémiotiques autonomes qui définissent des phénomènes de sémiose à l'œuvre dans différents systèmes de signes, et qui sont aptes à rendre compte aussi bien des processus linguistiques que des processus non linguistiques.

CHAPITRE V

LES PROBLÈMES PHILOSOPHIQUES
DU SIGNE

5.1. L'homme comme animal symbolique

On l'a dit maintes fois : l'homme est un animal symbolique. Formule qui ne vise pas seulement son langage, mais toute sa culture : sites, institutions, rapports sociaux, costumes, sont des *formes symboliques* (Cassirer, 1923 ; Langer, 1953) dans lesquelles l'homme coule son expérience pour la rendre communicable. Il y a humanité lorsqu'il y a société ; mais on doit ajouter : il y a société lorsqu'il y a commerce de signes. Grâce à ceux-ci, l'homme peut se détacher de la perception et de l'expérience brutes, et s'abstraire du *hic et nunc*. Sans abstraction, point de concept, et pas davantage de signe. On a beaucoup discuté sur le point de savoir s'il existe (dans notre esprit, dans un monde supra-terrestre ou dans les objets) quelque chose qui puisse correspondre au concept ou à l'idée de cheval. Ce qui est en tout cas certain, c'est qu'il y a un signe qui, s'il ne peut se substituer à tous les chevaux, vaut au moins pour quelque chose que, par commodité, nous nommerons l'idée de cheval. Toute la discussion philosophique sur les idées naît du fait que nous articulons des signes. Nous en élaborons bien avant que d'émettre des sons, ou en tout cas des mots. D'après les psychanalystes, l'enfant, attentif à son premier jeu symbolique, où il fait disparaître et réapparaître un objet *(/Fort — Da!/, Fort + Da!,* d'après un exemple de Freud), instaure déjà un jeu structurel de significations, fondé sur l'opposition de la présence et de l'absence.

On a pu avancer que la culture était née au moment où l'homme avait élaboré des outils pour dominer la nature. Mais on a aussi formulé l'hypothèse selon laquelle l'outil n'apparaît comme tel que lorsque l'activité symbolique est déjà instaurée (Eco, 1968). On a retrouvé en Afrique, à côté de squelettes de babouins dont le crâne était percé d'un trou, des restes d'australopithèques, et, auprès d'eux, des pierres. Les australopithèques avaient donc déjà transformé l'élément naturel qui est la pierre en instrument utilisable comme arme : ils avaient inventé l'outil. Cependant, pour qu'il y ait outil (et donc culture), les conditions qui suivent doivent être réunies :

a) un être pensant assigne une nouvelle fonction au caillou (et il n'est pas nécessaire que celui-ci soit retravaillé jusqu'à l'obtention d'une forme spéciale, en amande par exemple) ;

b) cet être « nomme » l'instrument en l'identifiant comme « caillou destiné à tel usage » (et il n'est pas nécessaire que cette opération se fasse à haute voix, ou à l'usage des congénères) ;

c) il l'identifie comme « caillou répondant à la fonction X et dénommé Y ». Et il n'est pas nécessaire de l'utiliser une nouvelle fois : il suffit de pouvoir le reconnaître. Il n'est pas davantage nécessaire que je le dénomme à l'usage des autres ; il suffit que le caillou utilisé aujourd'hui par l'être K apparaisse à ce même être, le jour suivant, comme le signe visible de sa fonction potentielle. C'est ainsi que K1 établit des règles destinées à signifier la fonction de la pierre à K2.

Dès l'instant où s'établit une forme observable et interpersonnelle de comportement sémiotique, nous sommes en présence d'un langage. Certains avancent que ce langage doit avant tout être verbal, que la verbalisation est la forme de la pensée, et qu'il est impossible de penser sans la parole. Dès lors, la sémiologie serait un chapitre de la linguistique (*cf.* Barthes, 1964), la science du langage verbal étant la seule susceptible d'expliquer la structure, non seulement de notre esprit, mais aussi de notre inconscient.

Pour Lacan (1966), la *chaîne signifiante* se trouve à l'origine même de la formation du moi : le langage nous précède et nous détermine. Dans ce langage existe en effet une différence entre sujet de l'énonciation et sujet de l'énoncé, différence qui explique le processus par lequel le langage nous arrache à une « nature » inconnaissable pour nous introduire à une « culture » dans laquelle nous nous objectivons. L'enfant qui, par l'usage de la parole, décide de se reconnaître comme sujet est le *sujet de l'acte d'énonciation :* il voudrait se désigner comme /je/, mais dès l'instant où il entre dans l'orbe langagière, le /je/ qu'il émet est déjà le *sujet de l'énoncé,* de la phrase, du syntagme linguistique par lequel il s'extériorise : ce /je/ est déjà un produit culturel (Peirce dirait : c'est le *type* que la culture a élaboré pour tous les je possibles). En s'identifiant au sujet de l'énoncé, le sujet de l'énonciation s'est donc déjà disqualifié comme subjectivité : le langage l'emprisonne dans une altérité, à l'intérieur de laquelle il devra s'identifier pour se construire, mais dont il ne parviendra plus jamais à se libérer.

Mais revenons au problème des origines de la culture. Imaginons un homme primitif, ne se posant pas le problème de sa propre subjectivité : à partir du moment où il se tourne vers le monde pour y distinguer des forces magiques qu'il doit dominer et diriger, ce sont bien des signes qu'il lui faut manipuler. *Magie par imitation :* il reproduit les mouvements de l'animal, ou il en peint l'image sur les parois de la grotte, pour contrôler le gibier à tuer, à travers le double signe de la bête et de la lance. *Magie par contact :* il s'empare d'un objet appartenant à l'entité qu'il souhaite dominer (le collier de l'ennemi, la toison de l'animal) afin d'agir sur lui : à travers l'objet, c'est l'entité en cause, son propriétaire, que l'on dominera. Dans les deux cas, on a travaillé sur des signes substitutifs : dans le premier, l'image est métaphore, étant imitation de la chose ; dans le second, l'objet appartenant à l'être absent en est la métonymie (la partie est prise pour le tout, la cause pour l'effet, le contenant pour le contenu). On contrôle les choses par l'intermédiaire de leurs signes, ou des objets dont on fait les signes de ces choses. Enfin — et c'est le fondement de la sophistique grecque — on découvre le pouvoir magique de la parole persuasive ; grâce à quoi on peut créer *l'épodé,* cette douce tromperie agencée pour entraîner les esprits. Au moment où les grammairiens de l'Inde classique composaient leurs importants traités de syntaxe, les sophistes découvraient et théorisaient donc la *pragmatique :* comment organiser les signes de façon à amener l'autre à agir selon mon désir ? Les règles de cette organisation se voyaient codifiées par une science ayant nom rhétorique. Et c'est ainsi que naquit la théorie d'un raisonnement fondé non plus sur des prémisses dotées de valeur absolue mais sur le probable : c'est *l'enthymème.* On peut en effet aussi raisonner sur l'incertain, car l'univers des signes est aussi celui de l'imprécision et de la plurivocité. Juridique, délibérative, épidictique : telles sont les trois formes de l'éloquence, fondées en théorie par Aristote dans sa *Rhétorique* formes grâce auxquelles l'homme se sert des signes pour déterminer le comportement des autres hommes et ainsi mener une *politique*; car c'est bien de cela qu'il s'agit lorsqu'on discute de ce qui est juste et injuste, de ce qui peut être fait et de ce qui ne le peut, de ce qui est louable et de ce qui est blâmable (*cf.* Perelman, 1958).

5.2. Les métaphysiques pan-sémiotiques

5.2.1. La Nature comme langage du divin

I. Et si l'univers entier et les objets qui le composent n'étaient que des signes, renvoyant maladroitement à des interprétants externes qui constitueraient le monde des idées? (Toute la théorie platonicienne est bien une doctrine du signe et de son référent métaphysique.) Et quelle relation se noue entre le référent hyperuranien, la chose qui le reproduit, le concept à quoi la chose renvoie, et le mot qui fournit la clé de cette médiation? Et la médiation sémiotique ne se reproduit-elle pas à l'infini? se demande Aristote, en formulant l'hypothèse destructive du Troisième Homme. Et si le monde était le produit d'un dessein divin, qui aurait organisé les objets de la nature pour en faire les instruments d'une communication avec l'homme? Si ces objets étaient des signes imparfaits, dégénérescence ontologique de modèles parfaits (libres que sont ceux-ci de toute détermination matérielle)? C'est l'hypothèse néoplatonicienne qui sous-tend les premières métaphysiques médiévales: que l'on pense au pseudo Denys l'Aréopagite et à Scot Erigène, qui suit ses traces. Pour eux, l'univers est une Théophanie: Dieu se montre à travers les signes que sont les choses, et, à travers ceux-ci, opère le salut de l'homme. Tout le symbolisme médiéval découle de cette hypothèse :

> Omnis mundi creatura
> quasi liber et pictura
> nobis est in speculum.
> Nostrae vitae, nostrae mortis,
> nostri status, nostrae sortis,
> fidele signaculum

chante Alain de Lille au XIIe siècle. Et dans sa formulation de règles pour l'interprétation de l'écriture sainte, Thomas d'Aquin précise : les signes de l'Ecriture ne sont pas à lire sur le mode allégorique, mais sont rigoureusement univoques ; quand l'auteur sacré dit que tel miracle s'est produit, c'est signe qu'il a bien eu lieu. Le langage allégorique à décoder, les signes véritables par rapport à quoi l'Ecriture constitue une *sémie substitutive,* sont les événements de l'histoire sacrée, mots d'un langage cosmique que Dieu a organisé afin que nous puissions y lire notre devoir et notre destin.

II. Mais, pour établir une métaphysique pan-sémiotique, point n'est nécessairement besoin d'un protagoniste divin. Il suffit que domine un sens de l'unité du Tout, de l'univers conçu comme Corps se signifiant à lui-même. L'ultime avatar de cette pan-sémiotique, c'est dans la théorie de Pasolini sur les relations entre langage cinématographique et langage de la réalité que nous le trouvons (Pasolini, 1972 : 171-297). L'idée selon laquelle le langage filmique est la reproduction fidèle de la langue du réel constitue la formulation exacerbée d'une théorie de l'iconisme, qui sera discutée plus loin (5.4.4.). Mais dire que toute la réalité, dans son essence physique, est signification est bien autre chose encore. Dans la perspective pasolinienne, tout objet avec quoi nous entretenons des relations serait avant tout signe de lui-même : au « nomina sunt res » se substitue ainsi « res sunt nomina ». Les choses constituent « le livre du monde, la prose de la nature, la prose de l'agir, la poésie de la vie... Ce chêne, là devant moi, n'est pas le "signifié" du signe — écrit — parlé "chêne" ; *non, le chêne concret qui se présente à mes sens, est lui-même un signe* ». La réalité dialogue avec elle-même dans la mesure où la perception constitue la réponse à la signification, réponse que la réalité s'adresse à elle-même sous les espèces du sujet percevant.

Les intéressantes suggestions de Pasolini peuvent, par certain côté, être rapprochées d'une phénoménologie de la perception conçue comme signification (*cf.* 5.3.2., III), par un autre encore de la théorie peircienne des objets-signes (*cf.* 5.5.). Mais, du fait qu'elles sont formulées de manière tout émotionnelle, elles prennent un sens esthétique-métaphysique qui les place au rang des mystiques de la pan-signification.

III. L'époque de la scolastique tardive et le triomphe du nominalisme ont porté l'intérêt sur les mots comme *flatus vocis,* comme noms, et les périodes d'empirisme scientifique ont aussi mis en question la notion de chose : une fois disqualifiée la notion de substance, d'un *subjectum* recevant les prédicats que sont les *accidents,* à quoi pouvait bien correspondre l'expression /la pomme est rouge/ (puisqu'il n'y avait plus ni pomme en soi ni rouge en soi) ? Les choses sont mises en question, disait Locke, mais non les signes, les idées n'étant rien d'autres que les signes sténographiques qui nous servent à élaborer et à ranger sous certaines rubriques nos hypothèses sur les choses questionnables.

Mais ce courant de la pensée linguistique est traversé par deux autres phénomènes : le monde magique et néoplatonicien de l'Humanisme voit dans l'univers une forêt de symboles, de sorte que le déchiffrement des signes est la nouvelle magie et la nouvelle alchimie pratiquées à l'ombre de la Renaissance des *Humanae litterae*. Avec Berkeley, il est de nouveau question de l'univers comme système symbolique, de perceptions dotées d'une pure fonction sémiotique, en ceci qu'elles sont les mots d'un langage qui permet à Dieu de nous raconter le Monde. Ne pourrait-on pas, dès lors, relire l'immense parabole de l'idéalisme moderne comme une théorie de la productivité sémiotique de l'esprit? Ces grands systèmes nous raconteraient comment l'Humanité se constitue en une vaste architecture symbolique : ce n'est plus Dieu qui parle à l'homme à travers des signes, mais Dieu qui se construit dans l'histoire, comme Esprit soufflant sur une grande scénographie symbolico-culturelle. Les termes de Benedetto Croce dans *La Poésie* justifient amplement notre soupçon : « Les tentatives pour expliquer l'intercompréhension des hommes dans le langage par des imitations, des associations, des conventions, des inférences, etc., sont insuffisantes et impuissantes... La doctrine de la "communicatio idiomatum" par opération divine, contient en elle la vérité, même si c'est sous une forme mythologique : les hommes se comprennent parce que tous sont, vivent et se meuvent en Dieu » (p. 270).

5.2.2. *Le langage comme voix de l'Etre*

Arrivés à cet endroit, on ne peut passer sous silence cette veine philosophique qui voit dans le langage une grande métaphore inconsciente, étroitement associé qu'il est à l'essence intime des choses. Il faut bien prendre garde que, si l'on s'engageait sur cette voie, on serait tout naturellement conduit à affirmer que seul le langage métaphorique (et donc poétique) est instrument de connaissance authentique et de communication réelle.

Des romantiques à Heidegger, voici donc un chapitre entier de l'esthétique qui se fonde sur une théorie du langage et se confond avec le thème poétique développé par maints artistes : se peignant comme voyants ou découvreurs, ils déclarent manipuler les symboles jaillissant spontanément dans leur imagination, et révélant leur profonde communion avec les choses. Depuis la Nature baudelairienne, cette forêt de symboles (et, même si elle est ici laïcisée, nous ne sommes pas loin de la Nature d'Alain de Lille), jusqu'à la pensée heideggerienne, la visée reste la même : ce n'est pas l'homme qui façonne le langage pour dominer les choses, mais les choses (ou la Nature, ou l'Etre) qui se manifestent à travers le langage : le langage est la voix de l'Etre, et la Vérité n'est rien d'autre que le dévoilement de l'Etre à travers le langage. Si ce point de vue prévaut, alors, il n'y a plus de place pour une sémiotique, ou une théorie des signes. Il ne subsiste plus qu'une pratique continuelle et passionnée d'interrogation des signes : l'*herméneutique*. En herméneutique, on ne construit point de théorie des conventions sémiotiques : on reçoit, humblement et fidèlement, la voix qui parle d'un lieu où il n'est aucune place pour la convention, car elle précède l'homme lui-même.

Encore que dans l'herméneutique la plus récente (Gadamer) on suggère que, derrière la voix qui nous parle, se cache une Culture préexistante qui a établi les lois de l'interprétation et qui nous a appris à entendre comme voix le dépôt d'une tradition culturelle...

5.2.3. La trace de l'écriture

Nos classifications des signes ont fait apparaître l'existence de sémies substitutives. Parmi les plus remarquables : l'écriture. Phonographiquement ou non, elle exprime les lois du langage verbal sur la base de lois propres, distinctes des premières. Autrement, on ne voit pas pourquoi l'émission verbale anglaise /hər/ désignerait, en un rapport homonymique, « le lièvre » et « les cheveux ». Mais l'écriture alphabétique peut laisser croire qu'il s'agit de deux entités, l'une s'écrivant /hare/ et l'autre /hair/.

Cette distinction n'était pas claire aux yeux des Anciens. Sur le plan philosophique, ils étaient paralysés par une sorte de frayeur devant le pouvoir de l'écriture (que l'on se reporte au discours que le pharaon tient au dieu Toth, dans le *Phèdre* de Platon : l'ingénieux inventeur des *grammata* s'y voit accusé d'avoir figé le mouvement et la labilité de la pensée dans des signes l'immobilisant pour toujours). Ce n'est pas un hasard si la grammaire, la *grammatica,* a pris le nom de la lettre écrite, le *gramma.* C'est une classification des signes oraux fondée sur les lois régissant les seuls signes écrits qui prévaudra tout au long de l'histoire de la linguistique et de la philosophie du signe : en un certain sens, ce n'est qu'avec la linguistique moderne que l'on a explicitement posé la primauté de la langue parlée. L'exemple le plus patent de la confusion entre *gramma* et *phonê* est sans doute celui qu'offre Isidore de Séville, qui, au VIIᵉ siècle, a tenté de fournir une explication du phénomène langagier en recourant à l'étymologie. Cette étymologie, il ne la fonde ni sur des faits historiques ni sur des mécanismes phonétiques, mais bien sur de vagues rapprochements sémantiques (ainsi *lucus* — forêt —, serait équivalent de *a non lucendo,* parce que la lumière n'y pénètre pas). Or, le plus souvent, cette analogie sémantique ne repose que sur une ressemblance purement alphabétique : *cadaver* viendrait ainsi de *CAro DAta VERmibus,* chair vouée aux vers. C'est de cette manière que l'on identifiera une unité sémantique là où il y a identité d'écriture même si l'identité phonétique fait défaut. Ainsi, *lapis,* pierre, proviendrait de *LAedens Pedem ;* mais si le groupe /la/ se prononçait /la/ dans *lapis,* ce n'était pas le cas dans /laedens/ où le groupe /lae/ devait, par convention d'écriture, avoir au temps d'Isidore de Séville la valeur de /le/.

En distinguant *gramma* et *phonê,* la linguistique a toutefois tendu à oublier que la façon dont la langue est transcrite influence l'image que nous nous faisons d'elle, alors même que la transcription ne représente pas la prononciation. Nous le verrons à propos des icônes (*cf.* 5.3.4.) : on peut estimer que l'on *pense* une certaine organisation spatiale précisément parce que l'on transcrit la pensée dans cet ordre spatial précis. On a d'ailleurs fait remarquer (McLuhan, 1962, 1964) que toute la civilisation moderne est dominée par le modèle linéaire de l'écriture typographique, et que si notre monde contemporain voit surgir de nouvelles formes de sensibilité, c'est que beaucoup de signes nouveaux (électroniques, visuels) nous arrivent non plus sur le mode linéaire, mais de manière spatiale et globale. J'ai connu un universitaire qui, discutant le problème de la linéarité et de la successivité temporelle dans la pensée et dans le signe, les représentait par un mouvement du doigt allant de droite à gauche : étant Israélien, il pensait en hébreu et concevait la succession abstraite des idées dans le sens où il disposait et lisait habituellement les signes écrits sur une lettre, sens inverse à celui du latin et du grec. Immédiatement, nous avons souri de notre observation et nous nous sommes demandé de quelle façon la successivité temporelle aurait été pensée chez un ancien, habitué à l'écriture en boustrophédon, où une ligne se lit de gauche à droite et la suivante de droite à gauche...

La grammatologie, ou science de l'écriture, se demande aujourd'hui si les tourments métaphysiques qui ont longuement assailli l'homme occidental ne sont pas eux-mêmes structurés sur le modèle des *grammata* (Derrida, 1967).

5.3. Rapports entre signe, pensée et réalité

La pensée philosophique s'est toujours engagée dans un nœud de problèmes fondamentaux concernant les relations entre signes et réalité. Nous pouvons les organiser en cinq thèses, qui donneront lieu à cinq paragraphes de ce chapitre, où elles seront analysées et confrontées à la thèse adverse; et, quand la chose sera possible, cette opposition sera résolue à la lumière de l'hypothèse alternative que la sémiotique peut proposer aujourd'hui. Ces thèses sont les suivantes :

a) il y a un rapport entre la forme des signes complexes (ou énoncés) et la forme de la pensée; en d'autres termes, il y a une relation entre *ordre logique* et *ordre sémiotique;*

b) il y a un rapport entre les signes simples et les choses qu'ils dénotent par l'intermédiaire des concepts; ou encore : il y a un rapport sémiotique entre le *signe* et le *concept,* lequel est à son tour signe de la *chose;*

c) il y a une corrélation entre la forme des signes complexes (énoncés) et la forme des événements qu'ils décrivent; ou encore : il y a un rapport entre *ordre sémiotique* et *ordre ontologique;*

d) il y a un rapport entre la forme du signe simple et la forme de l'objet à quoi il se réfère, *l'objet* étant en quelque sorte la cause du *signe;*

e) il y a un rapport fonctionnel entre *signe* et *objet à*

quoi il se réfère effectivement ; sans ce lien, le signe serait dépourvu de toute valeur dénotative et ne se prêterait à aucune assertion dotée de sens.

Comme nous entendons ne nous occuper ici que de la sémiotique du signe, et non de la sémiotique du discours, nous devrons renoncer à discuter les hypothèses (a) et (c), et nous limiter aux autres. Mais, comme on le verra, ces cinq problèmes sont étroitement liés les uns aux autres, et il sera utile de les « traverser » tous : ils mobilisent en effet chacun à leur façon, la question du référent. Leur examen nous permettra de comprendre pourquoi et comment cette dernière notion doit être bannie de la définition du signe.

5.3.1. Lois du signe et lois de la pensée

I. Un des premiers problèmes que les Anciens se sont posé, est de savoir si l'organisation des signes reproduisait l'organisation de la pensée (et, naturellement, si cette dernière reproduisait l'organisation des choses). La tentation immédiate est d'identifier les deux ordres d'organisation sans poser d'abord la question de leur rapport. Aristote nous offre l'exemple type de la confusion entre signifiant et signifié : il identifie grammaire et sémantique. Ainsi pour classer les entités grammaticales prend-il un parti méthodologiquement correct, et décide-t-il de distinguer un masculin et un féminin, selon les désinences des mots. Mais, si le principe paraît valable, son application pratique suscite des problèmes, car il y a en grec des désinences qui contredisent ce point de vue (*cf.* Dineen, 1967 : 120 *sqq.*). Le problème se retrouve par exemple en italien : on ne peut soutenir que tous les substantifs masculins s'y terminent en /o/ et tous les féminins en /a/, car ce principe serait contredit par des cas comme /il problema/, *le* problème. Aristote confond aussi grammaire et logique parce qu'il établit ses catégories logiques sur le modèle des catégories grammaticales. Il est exact que la logique aristotélicienne est généralement comprise comme une logique de la substance reproduisant les formes de la réalité dans les formes de la pensée, et donc du discours. Mais les formes de la réalité doivent être universelles, alors que les formes linguistiques sont pour Aristote celles de la langue grecque. Ne suffit-il pas de passer à un autre modèle linguistique pour constater que la structure sujet — copule — prédicat est dépourvue de caractère universel, et donc pour contester toute la philosophie de la substance ?

Dans l'Antiquité, ce débat trouve son expression la plus nette chez les grammairiens hellénistiques, dans l'opposition entre *anomalie* (école de Pergame) et *analogie* (école d'Alexandrie). Apparemment, le problème se posait en termes techniques et linguistiques : le langage obéit-il, oui ou non, à un système de lois rationnelles, universelles et stables ? En fait, il s'agissait d'un problème ontologique, présupposant un rapport de reflet entre langage, pensée et réalité : l'univers connaît-il des lois stables ? Quelle que soit la réponse, c'est l'hypothèse analogique qui s'est montrée la plus féconde sur le plan des réalisations techniques, en permettant à maints grammairiens de construire des théories rationnelles du langage. Du *Traité de Grammaire* de Denys de Thrace (100 av. J.-C.) à Pierre d'Ailly (xiie s.), en passant par les applications latines de Varron (ier s. av. J.-C.), Donat (ive s.) et Priscien (vie s.), on voit se constituer des modèles grammaticaux encore bien vivants de nos jours en milieu scolaire (notamment dans l'énumération traditionnelle des « parties du discours » : nom, verbe, adverbe, adjectif, conjonction, pronom, article, etc.). Et avec les modistes des xiiie et xive siècles, on voit s'approfondir la réflexion sur une *grammatica speculativa* et s'intensifier la recherche sur les *modi significandi;* ce modèle opérationnel qui survit aujourd'hui encore avait pour but de mettre en lumière des mécanismes linguistiques universellement valides. Mais pour énoncer les lois de la pensée, on partait toujours d'une langue particulière, fatalement prise pour la langue de la raison même : pour les Anciens cette langue était le grec et pour les modistes le latin. (C'est à cette situation que remonte la volonté manifestée par certains pédagogues d'imposer le latin, où ils voient le seul instrument susceptible d'apprendre aux jeunes à raisonner *comme il faut.)*

Pour les modistes, les «modes de signification» coïncidaient avec les modes de la pensée et de la réalité (Lyons, 1968 : § 1.2.7. ; Dineen, 1967 ; Bursill Hall, 1972). Sur la base de cette conviction, Roger Bacon pouvait soutenir que «substantiellement, la grammaire est la même pour toutes les langues, même si elle peut accidentellement varier». Cette théorie a été reprise dans une perspective rationaliste — cartésienne par les logiciens et les linguistes de Port-Royal au XVIIe siècle, dans leur *Grammaire générale et raisonnée* et leur *Logique ou art de penser.* Deux œuvres qui, relues aujourd'hui par Noam Chomsky, ont profondément influencé un des avatars les plus récents de la linguistique : la Grammaire Transformationnelle. Décrite comme une «linguistique cartésienne» (Chomsky, 1986), cette doctrine doit beaucoup à l'universalisme des scolastiques (*cf.* Simons, 1969).

La thèse des «Messieurs de Port-Royal» est que le langage suit les lois de la pensée, lesquelles valent pour toute l'humanité. Bien évidemment, l'usage quotidien, avec ses aberrations, mène à trahir la structure logique profonde qui engendre les propositions susceptibles d'être émises dans telle langue particulière. L'objectif d'une grammaire générale est alors de retrouver, sous les structures superficielles des phrases, l'articulation logique qu'elles expriment. Soit l'expression « Dieu, invisible, a créé le monde visible » : le grammairien devra en restituer la structure logique profonde, qui s'articule en trois temps : a) Dieu est invisible, b) Dieu a créé le monde, c) le monde est visible. Il est évident que la proposition b) est celle qui régit les deux autres ; elle constitue donc le nœud de l'assertion.

Mais la logique de Port-Royal est encore une logique de la substance, et la structure profonde des énoncés constitue, pour ses tenants, la structure profonde de la réalité. Lorsque, de nos jours, Chomsky et son école reprennent certaines notions à Port-Royal pour élaborer les concepts de structures profonde et superficielle (la première engendrant la seconde à travers une série de transformations syntaxiques ; ou mieux : la première ne pouvant être établie qu'à travers une série de transformations syntaxiques de la seconde), il ne s'agit là que d'un simple principe méthodologique, bien étranger à la croyance en une légalité substantielle du monde. Car Chomsky renvoie aussi à Du Marsais et aux thèses des Lumières ; et l'on sait que, pour l'Encyclopédie, la Grammaire générale est certes la science raisonnée des principes immuables et généraux de la parole qui s'énonce et s'écrit dans toutes les langues, mais que ce principe logique s'exprime dans la variété des grammaires particulières. La seule réalité empirique est donc celle des usages linguistiques, et ce n'est qu'à partir de ceux-ci que l'on peut remonter inductivement aux principes généraux les sous-tendant. Dès lors, dans la perspective des Lumières (pour ne pas parler de la logique et de la grammaire transformationnelle actuelles), « la Grammaire générale se réduit à un schéma méthodologique fournissant la possibilité de déterminer inductivement les éléments communs à plusieurs langues particulières à partir des ensembles de relations qu'ils déterminent » (Rosiello, 1967 : 187). S'il s'agit d'une procédure purement méthodologique, cela n'empêche pas que le cadre théorique dans lequel la grammaire transformationnelle l'insère reste bien du type rationaliste-métaphysique : « Les procès linguistiques et mentaux sont virtuellement identiques... La structure profonde, qui exprime le sens, est — affirme-t-on — commune à toutes les langues, car elle n'est que le reflet des formes de la pensée. Les règles transformationnelles qui convertissent la structure profonde en structure de surface peuvent être différentes d'une langue à l'autre » (Chomsky, 1966 : trad. fr. : 64).

II. Tous les auteurs que nous avons évoqués peuvent être rangés au nombre des « analogistes ». Mais l'opposition entre anomalie et analogie resurgit tout au long du développement de la linguistique et de la philosophie, lorsque ces disciplines abordent des questions proprement historiques. La découverte du sanscrit à la fin du XVIIe siècle et l'étude de la parenté entre langues indo-européennes qui l'a suivie ont ramené l'attention sur l'évolution des langues concrètes. C'est alors que s'est posé le problème de savoir si les changements — par exemple phonétiques — suivaient des lois rigoureuses et constantes (comme le voulait la thèse analogistique des *Junggrammatiker* ou néogrammairiens) ou s'ils leur échappaient (comme le soutenait Grimm au XIXe siècle). Ce problème devait investir peu à peu les débats sur la linguistique comparative et sur la nécessité de considérer les langues dans leur structure *synchronique* ou dans leur devenir *diachronique*.

La question est ici de savoir comment les forces historiques, qui ne sont pas uniquement de nature sémiotique, influencent les structures sémiotiques. Sous-jacent à ce débat, subsiste presque toujours le problème de la solidarité entre lois du langage et lois de la pensée, et celui de la valeur universelle de ces lois. Si ce dernier principe d'universalité était admis, les forces historiques elles-mêmes apparaîtraient comme les éléments d'une variation superficielle affectant les structures profondes d'une langue.

La position du marxisme sur ce point est curieuse : on s'attendrait à ce qu'il insiste sur le moment dialectique de la restructuration incessante et sur le rapport rigoureusement historique qui lie une langue donnée aux conditions socio-économiques de la société dans laquelle elle se développe, et donc qu'il définisse la langue comme fonction des idéologies qu'elle exprime. Mais cette doctrine a pu produire, avec le court essai de Staline sur *Le Marxisme et les problèmes de la linguistique,* une théorie apparemment plus proche de la linguistique cartésienne que de celle dont nous allons parler plus loin. Dans son exposé, Staline réfutait la thèse du linguiste russe Marr, lequel soutenait que la langue était une superstructure, et comme telle déterminée par la base matérielle ; il lui opposait que le même appareil de règles avait permis à Pouchkine de peindre le monde de la Russie tsariste et permettait à la Russie révolutionnaire d'exprimer les relations matérielles rendues possibles par la nouvelle société. Thèse hâtive, puisqu'elle considérait la permanence des faits morphologiques et syntaxiques sans tenir compte des glissements sémantiques et des variations stylistiques.

La position de Staline exprime une fois encore, et de manière cohérente, la conception analogiste du langage, laquelle se fonde en dernière instance sur ce raisonnement : puisque nous pensons en utilisant les signes, il n'y a pas de désaccord entre lois du signe et lois de la pensée. Si l'on veut, c'est toujours la position aristotélicienne qui se répète, des modistes du Moyen Age à Port-Royal, de Port-Royal à Staline, de celui-ci à Chomsky et à tous les linguistes qui tentent d'établir l'existence *d'universaux du langage,* que ce soit au niveau phonologique ou au niveau grammatical. Mis à part le fait que la question des universaux se pose aussi dans le cadre de recherches purement empiriques sur la récurrence de certains traits morphologiques (sans, donc, que le récolement des faits implique des hypothèses métaphysiques), cette position ne peut être mise en question que si l'on prend en considération la question suivante : ne sont-ce pas précisément les lois d'une langue historique donnée qui imposent une certaine manière de penser ? et, au lieu d'hypostasier quelques règles extrapolées à partir de lois linguistiques et d'en faire les lois mêmes de la logique, ne convient-il pas de critiquer ces lois linguistiques afin de mettre en cause nos propres manières de penser ?

III. A l'époque où se développe l'idéal rationalisant et universaliste de Port-Royal, Hobbes objecte que, par exemple, des termes comme « essence » et « entité » n'auraient pas pu voir le jour chez des peuples ignorant l'emploi du verbe être comme copule (*De Corpore,* I, 2, 4) ; ce qui prouve chez lui une conception claire du « génie » particulier de toute langue et de la façon dont celle-ci élabore un modèle de perception du monde. Thème que l'on retrouve chez Condillac et Vico, mais aussi chez Leibniz, que l'on ne retient — à tort — que comme le créateur d'un calcul logique dans lequel une série de règles syntaxiques parfaites exprimeraient les mouvements mêmes de la pensée. Il est clair que sa *Characteristica universalis* et ses projets d'*ars combinatoria* visent à la fondation d'une science universelle à travers l'édification d'un système sémiotique. Mais ce point de vue est second par rapport à la perception aiguë que Leibniz avait de la différence entre langues : celles-ci ne coïncident ni sur leur syntaxe, ni sur leur sémantique, de sorte qu'elles ne reflètent pas seulement l'histoire des peuples, mais conditionnent aussi leur mentalité et leurs usages. C'est précisément pour cette raison que la science devait, aux yeux de Leibniz, élaborer un instrument logique capable de transcender ces différences : si l'on établit une correspondance rigoureuse entre un système de signes particuliers et le système des idées logiques, c'est bien parce que cette correspondance n'est pas donnée par les langues naturelles (*cf.* De Mauro, 1965 : 56-57).

En tant qu'idéal scientifique d'Univocité rationnelle, la grammaire universelle n'est pas un schéma donné *a priori,* comme le voulaient les logiciens de Port-Royal, « mais bien un idéal à atteindre en refaisant le chemin balisé par les usages empiriques et historiques du langage humain » (Rosiello, 1967 : 46-60). C'est bien ce projet d'une « linguistique encyclopédiste » que nous retrouvons dans l'élaboration du « pragmaticisme » peircien au XIXᵉ siècle : « Comment pouvons-nous concevoir l'Etre, au sens qu'implique le verbe-copule, en observant que toutes les choses à quoi nous sommes susceptibles d'appliquer notre pensée ont quelque chose en commun ? car il n'y a rien que nous puissions observer. Cette conception, nous l'obtenons en réfléchissant sur les signes, mots ou pensées ; nous observons que plusieurs prédicats peuvent être associés à plusieurs sujets, et que chaque prédicat constitue une conception applicable au sujet ; c'est ainsi que nous imaginons que le sujet possède sa propre vérité, parce qu'un prédicat quelconque lui est associé. Et c'est ce que nous nommons Etre. La conception de l'être est cependant relative à un signe, mot ou pensée : et comme elle n'est pas applicable à tout signe, elle n'a pas de valeur universelle fondamentale ; même si elle la possède pour son application immédiate aux choses... Il n'y a rien de neuf à soutenir que les conceptions métaphysiques sont d'abord, et en dernière analyse, des pensées sur des mots, ou des pensées sur des pensées : il en va ainsi de la doctrine d'Aristote (dont les catégories se fondent sur les parties du discours) et de celle de Kant (dont les catégories se fondent sur les traits des différents modes propositionnels) » (Peirce, 5.295). Autrement dit, plus succinctement : « Que l'analyse de la proposition en sujet et prédicat constitue un mode acceptable de description de notre pensée à *nous,* Aryens, c'est évident, mais qu'il s'agisse là de la seule manière de penser possible, je le nie. Et ce n'est pas non plus la plus claire, ni la plus efficace » (Peirce, 4.48).

IV. Cette suspicion a, de nos jours, trouvé sa formulation la plus provocante dans la *Sémantique générale* de Korzibsky : il conçoit notre pensée comme tellement dominée par les schémas de la proposition aristotéliciens (sujet, copule, prédicat), qu'il en déduit la nécessité d'une sorte de thérapie mentale continuelle (vécue à travers une thérapie linguistique), et dominée par le slogan « La carte n'est pas le territoire ».

La Sémantique Générale reprend donc à son compte la célèbre hypothèse Sapir-Whorf, principalement due à Benjamin Lee Whorf (Whorf, 1958). Celui-ci soutenait que la façon de concevoir les rapports d'espace, de temps, de cause et d'effet changeait d'ethnie à ethnie, selon les structures syntaxiques de la langue utilisée. Notre façon de voir, de diviser en unités, de percevoir la réalité physique comme un système de relations, est déterminée par les lois (évidemment dépourvues de caractère universel !) de la langue *avec laquelle* nous avons appris à penser. Dès lors, la langue n'est plus *ce à travers quoi* l'on pense, mais *ce à l'aide de quoi* l'on pense, voire *ce qui nous pense,* ou *ce par quoi nous sommes pensés.* Pour rendre notre seul mot /neige/, les Esquimaux ont quatre termes. Non que leur langue serait plus riche en synonymes : en fait, ils ne connaissent pas cette entité unique baptisée « neige » mais bien quatre choses différentes, selon l'utilisation pratique qu'ils font de l'élément de base (de la même manière que nous distinguons l'eau de la glace même s'il s'agit du même corps en deux états distincts : quand un barman nous sert un whisky à l'eau à la place d'un whisky *on the rocks,* nous manifestons notre mécontentement, et restons bien insensibles au fait qu'il s'agit dans les deux cas d'H_2O). Le problème est de savoir si les Esquimaux ont quatre termes parce que, pour des raisons de survie, ils perçoivent instinctivement quatre entités distinctes, ou s'ils perçoivent quatre choses parce qu'ils sont conditionnés par l'existence des quatre termes (quatre signifiants avec leurs signifiés correspondants). Plus abstraitement, le problème est le suivant : organisons-nous la réalité que nous percevons sur la base du découpage de la langue en signes discrets, ou est-ce notre manière de percevoir la réalité qui force la langue à s'organiser de telle manière plutôt que d'une autre ?

La première difficulté, si l'on veut répondre à cette question, provient d'abord de ce que ces hypothèses sont énoncées préalablement à toute analyse technique et rigoureuse des mécanismes de signification. Il n'est pas dit que l'analyse, une fois menée à bien, déterminerait ce qui est premier ; elle permettrait au moins de vérifier une éventuelle correspondance entre l'organisation d'une langue et l'organisation attribuée à la réalité dont il est question. Evidemment, il s'agira de préciser si nous parlons d'organisation sémantique ou d'organisation syntaxique. La première permet de dire si à une réalité perceptive donnée correspondent une ou plusieurs dénominations ; l'organisation syntaxique permettra, elle, de savoir si la structure sujet — copule — prédicat implique ou non une segmentation de la réalité en substance et en attributs, en qualités premières et secondaires, en *subjecta* et *accidentia*. Toute la critique adressée par la pensée moderne à la philosophie de l'être et de la substance s'est fondée sur la considération des structures linguistiques. La sémiotique est apparue — et a trouvé sa dénomination — dans la pensée moderne avec John Locke. Ce fut le travail de Hobbes, Locke, Berkeley et Hume que de déconstruire le concept de substance à travers une critique et une réévaluation de la théorie des signes. Mais cette critique confond la question des rapports entre signes et pensée avec une autre : celle des rapports entre forme du signe et forme de l'objet à quoi il se rapporte à travers un élément médiateur : l'idée ou le concept. En ce sens, le problème sémiotique rejoint le problème gnoséologique.

5.3.2. *Première manifestation du référent : le concept comme signe de la chose*

A travers Epicure, Lucrèce et les spéculations de Dante sur la langue que parlaient nos parents au paradis terrestre, l'Antiquité et le Moyen Age ont légué à l'ère moderne le problème d'une langue première, *édénique* ou *adamiaque*. Les mots s'y seraient créés dans une fusion intime avec les choses. Puis serait venue la grande confusion de Babel... Un grand rêve traverse la culture humaniste et l'empirisme anglais, de Bacon au XVIIIe siècle tout entier (Formigari, 1970) : celui de découvrir la langue de nos aïeux, ou de recréer une langue universelle valable pour tous les hommes. Ce thème réapparaît chez Vico, sur le mode historique : pour lui, l'évolution du langage naît d'un moment premier et privilégié, où se forment les « tropes fondamentaux », les métaphores immédiates qui permettent aux caractéristiques mêmes des choses de s'exprimer dans le langage. Mais ce débat se déroule parallèlement au développement d'une conception conventionnaliste du signe, déjà présente chez Platon. C'est que le problème ne se pose pas en termes de rapport direct entre le mot et la chose qui l'induirait. Car toute la philosophie antique et médiévale savait déjà qu'entre mot et chose nommée se trouve un volume transparent, immatériel, décisif : le concept. Le problème devenait donc de voir comment la parole désignait les concepts et si les concepts étaient l'image ou le signe mental des choses réelles.

I. Le problème prend pour la première fois un tour conflictuel au Moyen Age avec la question des *universaux*. Aucun penseur scolastique ne niait la réalité des choses (ç'aurait été nier la présence du Créateur); mais on se posait la question de savoir si les signes correspondaient à des structures existant dans les choses *(in re),* à des *rationes seminales in mente Dei (ante rem),* ou à des signes élaborés par l'esprit comme succédanés généraux de l'expérience concrète *(post rem).* Naturellement, le signe pouvait être plus ou moins lié aux choses dans la mesure où toute chose soit représentait une essence universelle (connaissable par l'esprit et exprimable en signes), soit était une pure individualité. Paradoxalement, les signes étaient d'autant plus liés sémantiquement aux choses que celles-ci étaient moins individualisées, et davantage noms propres que les choses existaient dans leur individualité absolue. Paradoxe en apparence seulement, car la connaissance abstraite ne peut se donner pour objective que si des lois universelles existent dans la nature. Cette possibilité étant donnée, la théorie médiévale de la connaissance en déduit un accord entre la chose, son essence universelle, la *species* que l'intellect actif produit dans l'intellect passif, et ainsi de suite. Jetons un coup d'œil sur le modèle du processus cognitif universalisant et réaliste que nous offre la gnoséologie thomiste :

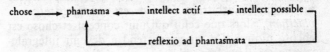

La chose contient l'essence, principe de sa définition. Mais l'image complète de la chose vient s'imprimer dans l'imagination par l'intermédiaire des sens, sous l'espèce d'un *phantasma ;* il s'agit encore du fantasme d'une *quidditas,* de la chose connue dans sa totalité, comme *principium individuationis,* et donc de la chose dans ses particularités concrètes les plus infimes. De ce phantasme, image passive du concret existant *(similitudo rei particularis)* et qui exprime seulement une *species sensibilis,* l'intellect actif abstrait la forme universelle, par un acte de *simplex apprehensio.* Il dépouille ainsi la *species sensibilis* de toutes ses déterminations matérielles, de sa particularité, et l'offre, pure forme universelle, adaptable à l'infinité des objets de même nature et de substance identique, à l'intellect passif ou « possible ». Celui-ci reçoit la forme universelle comme *species impressa* et l'exprime comme une donnée abstraite susceptible de faire reconnaître ce qui a été perçu (le signifié de sa perception, si l'on veut). Si le sujet veut connaître un objet dans sa singularité, il devra opérer une *reflexio ad phantasmata,* pour comparer l'espèce identifiée aux particularités de l'objet individuel qui se manifeste dans le fantasme. Il ne s'agit pas d'un retour à la chose : à partir du moment de la première sensation, tout le processus a lieu entre puissance de l'intelligence et espèce produite et identifiée, et les choses réelles en sont exclues en tant que telles.

Est-il exact de dire qu'il s'agit d'un processus

n'impliquant que des signes ? Virtuellement, on peut le dire, même si nombre de scolastiques l'ont nié : la seule différence est que le rapport entre *verbum* et espèce intelligible est arbitraire *(verbum est vox significativa ad placitum),* alors que celui qui unit concept et chose est encore motivé. Ce processus tend à devenir intégralement sémiotique lorsque la crise du réalisme scolastique aboutit à la contestation du concept même de chose.

II. Sur tout ceci, Occam est très explicite : les propositions scientifiques ne concernent pas les choses mais les concepts (et, dans cette optique, le signifié est bien distingué du référent), ces concepts qui sont à leur tour les signes isolables des objets singuliers, des sortes d'artifices sténographiques qui nous permettent de ranger la multiplicité des individus sous une seule rubrique générique. Dès lors, le processus qui permet de formuler un concept doit être le même que celui qui permet d'émettre un signe. Pour Occam, le signe linguistique est donc un signifiant qui renvoie au concept, son signifié, mais ce concept est à son tour un signe, le signifiant abrégé et abstrait dont le signifié (ou le référent) est fourni par les objets singuliers *(Super quatuor libros sententiarum,* 2.8.).

C'est la même solution nominaliste qui est adoptée par Hobbes *(Leviathan,* 1, 4) : une idée peut avoir un signifié universel lorsqu'elle est reprise, même dans sa particularité, comme signe d'une autre série d'idées semblables à elle. Mais c'est chez Locke qu'on trouvera la formulation la plus rigoureuse de cette conception. Locke pourrait être appelé le père de la sémiotique moderne, ne serait-ce que pour avoir établi l'existence de cette discipline et son identité pratique avec la logique dans la conclusion de son *Essai sur l'intelligence humaine* (IV, XX) : il y expose que les sciences se répartissent en trois espèces : la *physique,* connaissance des choses corporelles et spirituelles, la *pratique,* système de règles guidant notre action, et la *sémiotique.* L'objet de celle-ci est la connaissance des signes, c'est-à-dire celle des idées et des mots (signes à un même titre) qui sont les instruments des autres sciences. Il ajoute que c'est seulement grâce à une sémiotique que l'on pourra produire une logique et une critique d'un type nouveau.

Ce que Locke vise dans cette conclusion apparaît clairement au livre III de l'*Essai,* consacré aux problèmes de langage. C'est l'analyse des usages linguistiques qui lui permet de mener sa critique de l'idée de substance ; les mots n'expriment pas les choses ; nous ne connaissons en effet celles-ci qu'à travers la construction d'idées complexes élaborées à partir d'idées simples. Les mots renvoient aux idées comme à leur signifié immédiat. Et, dès lors, c'est un rapport arbitraire qui s'établit entre mots et choses. Non seulement parce que toute existence est déniée à la motivation profonde dont parlaient les théoriciens des onomatopées originelles, mais parce que l'élément médiateur entre choses et mots est en lui-même arbitraire. Le concept n'est plus, comme chez les scolastiques, un reflet ou une image de la chose, c'est une construction procédant par sélection. Les idées abstraites ne reflètent pas l'essence individuelle de la chose, laquelle reste inconnaissable : elles en fournissent l'*essence nominale.* L'idée même, comme essence nominale, est déjà signe de la chose, résumé, élaboration, composition de certaines propriétés, abstraction, qui n'a ni les aspects ni les attributs de la chose. La procédure abstraite qui donne existence à l'essence nominale est du même type que celle qui suscite le choix d'un nom pour signifier un complexe d'expérience. Pour Locke, au rebours de ce qu'avanceront Berkeley et Hume, l'idée abstraite qu'est l'essence nominale est encore pourvue d'une dignité et d'une consistance mentales certaines : mais c'est déjà un produit sémiotique. Que dans le cours de la communication, on utilise les mots comme on utiliserait les choses, c'est un fait empiriquement vérifiable ; mais du point de vue qui est celui de la théorie de la connaissance, les mots se rapportent à ces signes mentaux que sont les idées abstraites comme essences nominales (III, 2). Sur cette base, Locke peut développer une critique de l'us et de l'abus du langage : cette théorie du contrôle critique des langages philosophique et quotidien est d'une surprenante modernité. Ce qui fait que sa théorie du signifié reste bien de son temps et se révèle peu pertinente pour notre époque, c'est la nature encore psychologique qu'il attribue aux idées ; mais il suffirait de remplacer la notion d'idée par celle d'*unité sémantique* (laquelle ne trouve pas son identité dans l'esprit humain mais bien dans la culture qui définit les unités de contenu), et la théorie lockienne du signifié apparaîtrait encore comme d'une grande utilité dans les analyses sémantiques actuelles (voir, par exemple, Formigari, 1970 : 196-197).

C'est aux premiers critiques de Locke qu'il appartiendra de faire justice de la notion d'idée abstraite : Henry Lee, en 1702, propose de considérer le nom général non point comme correspondant à une idée abstraite, mais comme l'extension d'un signe à une classe d'individus ayant en commun une certaine propriété. Le nominalisme trouvait ici sa forme extrême. Berkeley devait mener le processus à son terme : ce que nous connaissons, ce sont des perceptions individuelles, des idées particulières : « Si nous voulons donner un signifié à nos paroles, et ne parler que de ce que nous sommes en mesure de comprendre, je crois que nous pourrons reconnaître qu'une idée, laquelle, considérée en soi, est particulière, devient générale *quand on la fait représenter,* et qu'on *la fait valoir* pour toutes les autres idées de la même espèce » *(Traité des principes de la connaissance humaine,* Introd., 12; c'est nous qui soulignons). Comme on le voit, Berkeley emploie les termes que Peirce utilisera pour définir le signe : une chose valant pour une autre. La différence est que, chez Berkeley, cette nominalisation absolue des idées ne sert pas à redéfinir le langage comme instrument d'opérations logiques, mais bien à le considérer avec une certaine suspicion en soulignant qu'on ne peut fonder sur lui de connaissance sûre. Hume ne fait rien d'autre qu'avaliser les positions nominalistes : il faut qu'une force institue cette correspondance. Et cette force est l'habitude.

On pourrait discuter sur le point de savoir si cette habitude est un usage social, un *habitus* mental, voire un code tout conventionnel (ainsi que le voulait déjà Locke dans son *Essai,* III). En tout cas, un certain cheminement s'achève ici : la chose en soi a désormais perdu tout droit de cité dans l'univers de la connaissance, et les signes ne renvoient plus aux choses mais aux idées, qui ne sont plus à leur tour que des signes. Le germe d'une théorie des *interprétants* et de la *sémiose illimitée* (paragraphe 4.5.) est semé, en ce moment précis de la pensée moderne.

III. A partir de la destruction berkeleyienne de « l'idée d'idée générale », en passant par la critique humienne et le criticisme kantien, la philosophie contemporaine s'est attelée à reformuler le concept même de perception. A l'aboutissement de ce travail surgit un ultime problème, dans le cadre duquel sémiotique et discours philosophique se voient étroitement solidaires : c'est celui que pose la conception du signifié perceptif comme étant lui-même le résultat d'un processus de sémiose. Au tournant du dernier siècle, Peirce et Husserl donneront leur caution à cette conception.

Notre saut brutal de Kant à Peirce choquera peut-être. Mais des études récentes (par exemple celle de Garroni) ont montré que l'on peut retrouver chez Kant la problématique d'un fondement transcendantal du signifié. Quant aux philosophies de l'époque des Lumières, du romantisme et du post-romantisme, elles sont riches de suggestions sémiotiques. La thèse des signes développée par les encyclopédistes, par Condillac et par les idéologues est très élaborée. Les théories du symbole que l'on trouve chez Goethe apportent une riche contribution à la sémiotique de la connotation et se révèlent d'une grande utilité pour une théorie du texte. Mais limitons-nous à ce qui est l'objet du présent paragraphe, et demandons-nous pourquoi, par rapport à cet objet, les philosophies idéalistes ont un statut aussi ambigu.

Certes, on pourrait dire que l'idéalisme développe une théorie de l'activité spirituelle qui porte l'estampille sémiotique. Mais il n'est pas de recherche sémiotique là où l'on se contente de dire que tous communiquent et s'expriment, voire que le Tout s'exprime. Il y a sémiotique là où l'on tente d'expliquer *comment* s'établissent la communication et la signification. Lorsque Croce construit toute une philosophie de l'Expression, mais évacue ensuite, comme autant de pseudo-concepts, les instruments de technique descriptive élaborés par la linguistique, il ne nous laisse qu'une possibilité : celle de contempler, avec respect et fascination, un système philosophique que nous ne pouvons prétendre utiliser dans l'élaboration d'un discours sur le fonctionnement social des signes. Tullio De Mauro (1965 : 11) conclut de la sorte : « La lumière de la dicibilité absolue, qui pénètre tout l'univers crocéen, se mue, par un mouvement dialectique non voulu, en une ombre mystérieuse et insondable : celle de l'incommunicabilité ». Dès lors, dans les limites de ce panorama succinct, il ne nous reste plus qu'à reprendre le problème du signe là où il se présente de manière explicite et utilisable.

C'est le cas chez Peirce — que nous rencontrerons encore dans notre discussion sur les icônes mentales (par. 5.3.4.) — lorsque, une fois définie l'abduction, il laisse clairement entendre que la perception est un processus abductif (*cf.* Bosco, 1959, Salanitro, 1969, Eco, Bonfantini, Sebeok, in Eco, Sebeok, 1983).

L'abduction constitue pour Peirce la forme la plus immédiate et aléatoire du raisonnement par inférence : il s'agit d'une hypothèse construite sur la base de prémisses incertaines, et qui demande à être vérifiée par des inductions successives et par des contrôles déductifs ; mais elle se donne déjà comme une trace révélatrice et contient virtuellement en germe ses propres développements. Fournissons-en un exemple précis. Un exemple de déduction serait l'inférence :

— *Tous les mouchoirs de cette boîte sont blancs ;*
— *Ces mouchoirs proviennent de cette boîte ;*
— *Donc ces mouchoirs sont blancs.*

et un exemple d'induction serait :

CAS : — *Ces mouchoirs proviennent de cette boîte ;*
RESULTAT : — *Ils sont blancs ;*
REGLE : — *Les mouchoirs de cette boîte sont probablement tous blancs.*

Par contre, le raisonnement qui suit constituerait un exemple d'abduction :

RESULTAT : — *Je trouve sur la table des mouchoirs blancs.*
PROBLEME : — *D'où proviennent-ils ?*
REGLE : — *Si nous supposons que tous les mouchoirs de cette boîte sont blancs,*

CAS : — *Et si nous supposons que ces mouchoirs proviennent de cette boîte,*
— *Alors la provenance de ces mouchoirs ne représente plus un problème.*

Toute inférence constitue un processus sémiotique, dit Peirce ; mais sur ce plan, la différence entre les trois processus est évidente.

Dans le premier exemple (déduction), on peut dire que la prémisse contient à un tel point les conclusions du raisonnement qu'elle en constitue le signe. Reprenons le problème du point de vue de l'analyse componentielle (exposée au paragraphe 3.8.). Une analyse du sémème « Homme » devrait dégager toutes les propriétés qui lui sont sémantiquement assignables, la Mortalité y comprise. De même, une analyse de « Socrate » devrait contenir les traits sémantiques « Humain » et « Mortel ». En termes d'amalgame contextuel, le syllogisme correspond à une phrase sémantiquement correcte ; mais le terme /Socrate/, inséré dans la mineure, contient déjà en soi les données sémantiques de la conclusion.

Dans le cas de l'induction — le deuxième — le processus sémiotique est différent : les mouchoirs provenant de la boîte sont pris comme signe des mouchoirs encore invisibles (ils « valent pour » ces derniers). On se trouve face à l'interprétation d'un symptôme, mais celle-ci se fait en dehors de tout code, sauf lorsqu'on en est arrivé au point où l'induction est vérifiée : lorsqu'on a procédé à des tirages répétés et que, dans tous les cas, les mouchoirs apparus se sont révélés blancs. La quantité des tirages constitue alors un code, et, restituée comme tel, rend valide l'inférence symptomatique.

Différent est encore le cas de l'abduction, le troisième. Ici, il n'y a pas de rapport évident entre ce qui est décrit dans la majeure — qui constitue une codification de ce qui est connu préalablement — et la règle énoncée dans la mineure : je puis très bien m'être fait hier une idée du contenu de la boîte (aujourd'hui absente), et voir des mouchoirs blancs aujourd'hui. L'opération abductive consiste à formuler l'hypothèse que le résultat observé est un cas particulier d'une règle possible, une hypothèse sur une connexion physique ayant précédé le raisonnement et sur un rapport de cause à effet, toutes choses non prouvées. C'est comme si j'examinais un fragment d'étiquette sur lequel se trouvait écrit le mot /content/ et je devais choisir de l'accoler à un autre fragment portant /3 Fl. Oz/ ou à un autre portant /de nous ?/. Je sais qu'il existe deux codes (deux règles) : celui de la langue anglaise dans lequel /content/ signifie « contenu », et celui du français dans lequel le même graphème veut dire « satisfait ». Le problème est de choisir le code auquel appartient le graphème et donc de composer un syntagme /content 3 Fl. Oz/ ou un autre /content de nous ?/. C'est une opération hypothétique d'attribution à un code. Dans le travail d'un décrypteur ou d'un agent secret devant percer le secret d'un message chiffré, elle se présente sous la forme d'intuitions heureuses, mais qui se fondent néanmoins sur un processus laborieux d'hypothèses et sur des contrôles répétés.

C'est ici le lieu de se demander s'il n'en va pas autrement dans le processus normal de perception. Prenons un exemple : je marche, la nuit, dans une ruelle obscure ; j'aperçois une forme imprécise et je me demande « Qu'est-ce que c'est ça ? » (mais je pourrais aussi me demander — et l'usage linguistique témoigne ici d'une préoccupation philosophique latente — : « Qu'est-ce que cela signifie ? »). Je concentre alors mon attention : je coordonne les stimuli, j'essaye d'y superposer certains schémas que des expériences précédentes ont intégrés en moi (c'est-à-dire que je superpose un modèle significatif à ces stimuli encore flous), et je constitue un champ perceptif possible. A présent j'ai compris : c'est un chat. Si cela avait été un animal mystérieux que je n'avais jamais vu (que la culture au sein de laquelle j'ai grandi ne connaît pas), je ne l'aurais pas reconnu : j'en aurais eu une perception imprécise à quoi aurait correspondu l'attribution d'un nom erroné. La perception, comme abduction, est à mettre en regard de cette définition transactionnelle de la connaissance, mais en même temps, elle doit être associée à ce processus par lequel il n'y a pas de solution de continuité entre la perception brute et l'attribution d'un nom. C'est ce que laisse entendre la phénoménologie husserlienne. Si l'on objecte qu'il ne faut pas confondre « signifié perceptif » et « signifié linguistique », il faut rétorquer qu'il y a bien eu une raison pour employer le même terme dans les deux cas.

C'est toute une vaste théorie du signifié que Husserl développe dans ses *Recherches logiques,* et tout spécialement dans la première — intitulée *Expression et signifié —,* dans la quatrième — consacrée à l'idée d'une grammaire pure — et dans la sixième ; dans cette dernière, la plus intéressante à bien des égards, on verra se profiler une phénoménologie de la perception, conçue comme une rencontre entre les noms qui peuvent servir à désigner une intuition donnée et la plénitude de l'intuition qui cherche à être définie par le nom. L'acte dynamique que constitue la connaissance implique une activité de *remplissage,* une *attribution de sens* à l'objet qui se constitue dans la perception. « Quand je déclare *donner une expression à ma perception,* cela peut vouloir dire que j'attribue à ma perception le prédicat qu'est tel ou tel contenu (...). *L'objet rouge est reconnu comme rouge, et dénommé comme rouge grâce à cette reconnaissance.* En fin de compte, *désigner comme rouge* — en une dénomination active, qui présuppose l'intuition de ce qui est dénommé — et *reconnaître pour rouge* sont des expressions *qui ont le même sens (...)*. Les moments qu'on reconnaît implicitement dans cette unité — la manifestation physique du mot, mobilisation du signifié ; le moment de la reconnaissance et de l'intuition du dénommé — ne peuvent guère être distingués l'un de l'autre (...). Lorsqu'on parle de connaissance de l'objet et d'attribution d'un signifié, on vise la même situation, seulement perçue de points de vue différents » (Husserl, 1922).

Cette idée d'une construction perceptive du monde (lequel, en soi, est ouvert à de multiples possibilités de structuration) comme incessante attribution de sens (à quoi je participe non seulement avec mon langage verbal mais aussi avec toute mon expressivité corporelle) marque toute la pensée de Maurice Merleau-Ponty. La phénoménologie de la perception débouche ainsi sur une phénoménologie de la sémiose, mis à part le fait que, dans cette perspective, la sémiotique est davantage affectée à l'étude de la *constitution du signifié* qu'à celle de l'usage des *signifiés constitués et codés* que la culture nous propose. Il ne s'agit pas ici d'une alternative dont les deux termes s'excluraient mutuellement, même si la sémiotique, sur la lancée de la linguistique et pour se fonder sur des faits identifiables et classifiables, a dû être d'abord une *sémiotique des codes* (de même que la linguistique a dû être une « linguistique de la langue »). Une relecture sémiotique des classiques de la phénoménologie peut ouvrir la voie à une *sémiotique du message* plus rigoureuse (ainsi qu'à une linguistique de la parole) et dès lors à une sémiotique ne prenant plus seulement en compte les conventions qui régissent le fonctionnement des signes mais les processus mêmes de la production des signes et de la restructuration des codes.

5.3.3. Deuxième manifestation du référent: forme de l'énoncé et forme de l'événement

Comme on le voit, le problème des rapports entre ordre linguistique et ordre logique reste pendant. Mais quand même il serait résolu d'une des deux manières possibles, l'autre problème pointé plus haut resterait entier: la forme des signes complexes — ou énoncés — reflète-t-elle, dans son ordre et sa successivité, l'ordre et la successivité (et donc la forme) des faits réels?

Il n'est pas malaisé de reconnaître ici une position qui, déjà tenue par les logiciens de Port-Royal, trouve sa formulation contemporaine la plus fameuse dans le *Tractatus* de Wittgenstein et dans le néopositivisme logique. Parler de la « forme représentative » des propositions (Wittgenstein, 1922: 2.17) et dire qu'il y a une identité de « structure » entre fait et énoncé (Wittgenstein: 2.151) revient à dire que l'ordre des symboles reflète l'ordre des phénomènes qu'ils décrivent. Si nous ne réservons pas un traitement particulier à cet important thème philosophique, ce n'est pas parce qu'il relève d'une sémiotique du discours (et non du signe), mais bien parce qu'il plonge ses racines dans le concept de signe iconique, lequel sera discuté au paragraphe suivant. Même lorsqu'elle estime avoir établi le caractère arbitraire du signe linguistique, une théorie du langage rouvre la question de la motivation des signes, qui seraient tenus de respecter la forme des choses, lorsqu'elle admet qu'il existe des signes iconiques reflétant les propriétés du dénoté ou référent.

L'analyse que nous proposerons de la théorie de l'iconisme chez Peirce démontrera que le problème des rapports entre fait et énoncé naît du (et se fonde sur le) problème du rapport de ressemblance entre signe et chose; rapport qui, une fois posé pour certains signes, affecte toute la définition du signe. D'autre part, et les linguistes le savent bien (*cf.* Valesio, 1967), lorsqu'il est question d'icônes dans le langage verbal, ce n'est pas seulement le problème des signes simples entretenant un rapport onomatopéique avec leur référent que l'on met en jeu : on discute aussi le fait qu'une expression comme /Louis entra, ferma la porte et s'assit/ semble reproduire, dans l'ordre syntaxique de ses termes, l'ordre des actes auxquels elle renvoie. Nous voici donc confrontés au problème théorique de l'icône.

5.3.4. *Troisième manifestation du référent : l'icône*

I. Il n'y a qu'une mentalité primitive ou profondément empreinte de mysticisme pour identifier signes et choses. Même lorsqu'il utilisait une chose comme signe, le Moyen Age savait fort bien établir la différence entre un agneau réel et un agneau pris comme signe du Christ. Cependant, la question que la philosophie pose immédiatement est celle du rapport de reflet réciproque entre signe et chose. C'est la discussion menée dans le *Cratyle* de Platon, où on se demande si le signe relève du *Nomos,* de la convention, ou de la *Physis,* de la nature : le nom d'une chose est-il une conséquence de la nature de cette chose ?, demande Cratyle ; et en ce cas la constitution phonique du nom respecte-t-elle la constitution de la chose nommée ? Si c'était le cas, il n'y aurait par chose qu'un seul nom adéquat. Face à cette idée, Hermogène défend la thèse conventionnaliste : c'est arbitrairement et par convention que le nom est assigné à la chose. Socrate tente de concilier les deux thèses et, tout en soutenant la thèse conventionnaliste, admet que le choix de tel constituant phonique plutôt que tel autre dépend d'un rapport avec la chose, de la même manière que certains affirment aujourd'hui que pas mal de signes linguistiques ont une origine onomatopéique : ce ne serait pas par hasard que des ethnies différentes sont restées fidèles à une même forme d'origine pour désigner un roulement sourd se faisant entendre dans le ciel (tonnerre, tuono, thunder, Donner).

II. Le nœud de ce problème gît dans la notion d'*icône*. S'il existe des signes qui entretiennent un rapport de similarité avec les choses, un principe de parenté s'introduit dans la mécanique sémiotique qui, poussé à son extrême, débouche sur une théorie de la motivation profonde des signes; les symboles arbitraires (ordinairement définis comme les signes par excellence) seraient alors ravalés au rang d'entités insuffisamment définies dans leur motivation profonde et originelle. C'est le piège dans lequel tomberait celui qui, aujourd'hui, prendrait au pied de la lettre une définition de Peirce selon laquelle « une icône est un signe qui renvoie à l'objet qu'il dénote simplement en vertu des caractères qu'il possède, que cet objet existe réellement ou non » (2.347; trad. fr.: 140).

L'interprétation la plus naturelle d'une telle définition aboutit à prendre pour exemple achevé de l'icône un dessin représentant un animal, représentation possible même si cet animal n'existe pas (on connaît des icônes en tous points dignes de foi et crédibles du dragon et de la licorne). Mais Peirce compte aussi au nombre des icônes les diagrammes et les métaphores: les premiers parce qu'ils reproduisent des relations non point de ressemblance sensible avec l'objet, mais « des parties d'une chose par des relations analogues dans leurs propres parties », les secondes parce qu'elles « représentent le caractère représentatif d'un representamen en représentant un parallélisme dans quelque chose d'autre » (2.277; trad. fr.: 149).

Ailleurs, Peirce dit explicitement que l'icône est *une image mentale*: « La seule façon de communiquer

directement une idée c'est par le moyen d'une icône »
(2.278 ; trad. fr. 149). Les icônes mentales sont les
images visuelles à quoi le signe renvoie (2. 238-9) : « Le
symbole vaut pour l'acte de conscience » (2.436), et cet
acte de conscience est une idée qui peut se combiner,
pour aboutir à des idées complexes : ainsi pour concevoir l'image mentale correspondant à l'expression verbale /femme chinoise/, notre imagination combine
l'icône d'une femme et celle d'un Chinois (2.441). Peirce
insiste sur le fait que nous raisonnons uniquement par
icônes, et que « les énoncés abstraits sont sans valeur
dans le raisonnement s'ils ne nous aident pas à
construire des diagrammes (...). Peut-on concevoir qu'il
soit possible de penser le mouvement sans l'imagination
de quelque chose de mouvant ? » (4.127).

Peirce est ainsi amené à dire que l'icône n'existe que
dans la conscience, même si, par facilité, l'on étend le
nom d'icône à des objets externes produisant une icône
dans la conscience (4.447). De sorte qu'appeler icône
une photographie est une pure métaphore : l'icône est à
proprement parler l'image mentale que cette photographie suscite. (Bien plus, Peirce dit aussi qu'une photo
est un index attirant notre attention sur le fragment de
réalité qu'elle reproduit iconiquement...)

On a cependant pu appliquer la notion d'icône aux
signes que nous disons aujourd'hui iconiques parce que,
même chez Peirce, les icônes mentales restent des
abstractions, des schèmes ne retenant que certains traits
des objets particuliers (ces schèmes étant construits
grâce à une coordination de sensations s'opérant sur la
base de sensations antérieures). Elles s'apparentent en
cela aux dessins, qui *imitent* une forme, voire une
couleur, mais non les aspects tactiles de l'objet (5.300-
306).

On comprend dès lors ce que d'autres philosophes
avaient déjà affirmé : à savoir que le processus sémio-

tique s'identifie au processus abstractif de la pensée. Il s'agit dans les deux cas de sélectionner certains aspects généraux des données de l'expérience, et de construire sur cette base une sorte de modèle sténographique : selon la théorie de l'iconisme, ce modèle a une forme identique à celle de l'objet signifié.

Le concept de forme, sur lequel Peirce ne s'étend guère, est fondamental pour comprendre celui d'icône. Cette dernière possède les propriétés *configurationnelles* de l'objet auquel elle renvoie. Peirce soutient ainsi qu'une expression algébrique, aussi bien qu'un diagramme, est une icone : les deux signes, quoique ne possédant point toutes les propriétés de l'objet (3.362), en reproduisent en effet les corrélations formelles.

Mais pourquoi l'algorithme est-il une icône ? Parce que les relations abstraites exprimées par

$$(x + y)z = xz + yz$$

sont formellement perceptibles, visuellement évidentes, dans la manière dont les éléments simples (qui sont en l'occurrence des indices) se disposent (3.363). La symétrie de l'expression saute aux yeux, antérieurement au raisonnement. En logique, sans l'observation des diagrammes, nous ne pourrions guère concevoir certaines relations complexes : la forme syllogistique

Tout M est P
Quelque S est M
Donc, quelque S est P

est une icône des relations entre les trois termes, car « le fait qu'un terme moyen revient entre deux prémisses s'offre réellement à la vue, et sans cela la relation ne vaudrait rien » (3.363).

C'est également la thèse soutenue par les logiciens

224

lorsqu'ils disent que la logique symbolique est une *idéographie*. Les ambiguïtés grammaticales qui rendent obscure la différence entre deux syllogismes sont levées lorsque ceux-ci sont transcrits en notation symbolique. Soit

1. Un homme est l'auteur de son destin
   Socrate est un homme
   Socrate est l'auteur de son destin.

2. Un homme est l'auteur de *l'Iliade*
   Homère est un homme
   Homère est l'auteur de *l'Iliade*.

La majeure du premier syllogisme donne lieu à une implication, que l'on transcrirait symboliquement de la sorte :

$$(x) [F(x) \supset G(x)]$$

alors que la majeure du second s'écrit :

$$(\exists x) [F(x) . G(x)]$$

ce qui n'autorise pas l'inférence.

Ce que Peirce semble dire est que dans une formule logique, les signes ne reproduisent pas seulement l'ordre des concepts, mais que cet ordre est lui-même visible, repérable comme une forme prégnante, au même titre que le rapport entre le carré construit sur l'hypothénuse et ceux qui sont construits sur les autres côtés dans le théorème de Pythagore : c'est un rapport visuel entre forme de la pensée et forme graphique. Mais il faut bien prendre attention à ce que signifie « rapport visuel entre les deux formes ». Le rapport se pose avant tout entre la forme graphique et la forme de la pensée, ce qui ne signifie pas encore que ce rapport existe entre forme de la pensée et forme des choses.

Si nous approfondissons le propos de Peirce, nous observerons qu'il parle effectivement du premier type de rapport mais au sens d'une *homologie proportionnelle,* et non point en termes de ressemblance physique. Et nous comprenons alors pourquoi, lorsqu'il fournit un exemple d'icône, il recourt de préférence aux diagrammes et aux métaphores (et non à la photographie) : les premiers comme les secondes (et celles-ci dans la mesure où elles présupposent une similitude) instaurent une proportion A/B = C/D.

Une proportion établit donc une homologie. Mais que l'on prenne garde aux termes utilisés : elle *l'établit,* ce qui ne signifie pas qu'elle la trouve déjà constituée. Pensons au mode de fonctionnement d'un ordinateur dit « analogique ». On peut décider, par exemple, qu'une intensité de courant 1 correspond à une grandeur 10. Sur la base d'une règle proportionnelle, une intensité 2 de courant pourra exprimer une grandeur 20. Mais si l'on modifie la règle, l'intensité 2 pourra exprimer la grandeur 100. Dès lors, 1/2 = 10/20 (ou 1/2 = 10/100) non parce que « 1 » ressemblerait à « 10 », mais parce qu'une convention donnée les a appariés. A partir de cet instant, les équivalences découlent automatiquement de proportions arithmétiques ou géométriques, et, on le voit, il n'est plus question de ressemblance, mais de règles mathématiques.

Lisons à présent un texte fondamental (que Peirce lui-même désignait comme son chef-d'œuvre, non sans raison). C'est l'écrit sur *Les Graphes existentiels* (4.347 — 573) dans lequel il discute les diagrammes logiques proposés par Euler au XVIIIe siècle et repris par Venn vers 1880, diagrammes dans lesquels « la nature du syllogisme est illustrée par le moyen de cercles ».

Si nous simplifions cette technique de représentation, nous verrons qu'un syllogisme comme « Tous les hommes sont sujets aux passions ; les saints sont des hommes ; donc les saints sont sujets aux passions » s'exprime de la manière suivante :

Ce schéma indique que les saints appartiennent tous à la classe des hommes et que ceux-ci appartiennent tous à la classe des êtres sujets aux passions. A l'inverse, un syllogisme comme « Aucun homme n'est parfait ; tous les saints sont des hommes ; aucun saint n'est parfait » peut se représenter de telle manière que la non-appartenance des saints à la classe des êtres parfaits soit rendue manifeste

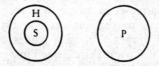

Peirce écrit que la beauté de ces graphiques provient de leur statut « authentiquement iconique » (4.368), phrase qui pourrait faire penser que la configuration spatiale des diagrammes *imite* une situation spatiale réelle. S'il s'agissait de cela, l'iconisme de Peirce serait bien ingénu ; car s'il est vrai que les diagrammes montrent visuellement des rapports d'intériorité et d'extériorité, cela ne signifie nullement que ces caractères spatiaux soient l'icône d'autres caractères spatiaux ! Le fait d'être ou non sujet aux passions n'est pas un problème d'espace. C'est tout au plus, pour parler en termes de logique traditionnelle, un problème de possession ou de non-possession d'une propriété. Pourquoi la logique moderne traduit-elle cette possession et cette non-possession en termes d'appartenance et de non-appartenance à une classe ? Par pure convention, et précisément pour évacuer l'idée naïvement réaliste qui sous-tend la conception de l'inhérence d'un *accidens* à un *subjectum*. Mais l'appartenance à une classe est-elle un fait spatial ? Certes non, mis à part le fait que je puis être défini comme appartenant à la classe de tous ceux qui se trouvent dans un certain lieu ; mais si j'appartiens à la classe de ceux qui connaissent la passion, cette classe est une abstraction et non un espace. Pourquoi, dans la représentation par cercles, la classe devient-elle un espace ? *Par pure convention.*

Le fait d'être ou non inclus dans tel cercle n'est donc iconique de rien du tout : c'est un rapport établi conventionnellement et tout au plus iconique d'une autre représentation conventionnelle par cercles (ce qui revient à dire qu'un signe est pareil à tous les signes qui ont la même forme et la même substance de l'expression : un drapeau rouge, jaune et noir est identique à tous les autres drapeaux rouges, jaunes et noirs). On pourrait dire, en suivant Peirce, que l'image mentale du diagramme est iconique par rapport au diagramme. Mais cela revient à dire qu'une fois établi le diagramme, je le perçois et lui fais correspondre une image mentale, ou au moins des images rétiniennes, projections iconiques de l'objet. Mais ce qui est ici en discussion est le point de savoir si un signe tel qu'un diagramme est iconique par rapport à la relation qu'il exprime : et nous voyons que c'est le cas en ce sens qu'un rapport proportionnel est *posé* entre deux relations (A / B = B

/ C) et que seule une convention a identifié appartenance logique et appartenance spatiale; identification à laquelle on s'est si bien habitué qu'on confond les deux choses, lesquelles n'ont en fait aucun lien iconique.

Le propos sur l'iconisme se déplace donc: il devient le problème des *modalités conventionnelles par lesquelles l'iconisme se constitue.*

Peirce (4.368) souligne le fait que les diagrammes d'Euler ne sont pas iconiques parce qu'ils représenteraient la réalité, mais parce qu'ils *représentent une logique gouvernée par la même loi que celle des diagrammes.* On a établi au départ une équivalence conventionnelle, telle que la relation d'inclusion dans un espace est au rapport d'appartenance à la classe comme la relation d'exclusion de cet espace est au rapport de non-appartenance à la classe et ainsi de suite. Nous observons donc une définition parfaite de l'iconisme comme *isomorphisme* (régi non par des lois de «ressemblance» photographique mais par des lois de proportionnalité mathématique) entre *forme de l'expression* et *forme du contenu.* Un quelconque rapport de ressemblance à la réalité est totalement exclu de ce raisonnement.

Evidemment, on pourrait se demander pourquoi il apparaît comme spontanément fonctionnel de poser une équivalence de proportion entre corrélations spatiales et corrélations logiques. On pourrait suggérer l'idée que les corrélations logiques se manifestent au premier chef sous les espèces d'un ordre chronologique (d'abord tous les hommes sont mortels, ensuite Socrate est un homme, etc.) et que nos habitudes graphiques sont telles que la séquence temporelle du discours verbal se traduit, sur la page, par une séquence spatiale. De là l'idée que ces deux catégories (spatiale et temporelle) constituent un couple qui, au sens kantien, détermine notre faculté perceptive et par conséquent notre faculté intellective.

Mais ici, le discours sur les signes renvoie aux structures mêmes de la perception, voire à nos structures neurologiques. Il ne nous reste qu'à accepter comme un fait cette tendance qu'a l'homme à représenter les séquences temporelles sous forme de rapports spatiaux et vice versa, tendance qui conditionne notre faculté d'abstraction, en nous poussant à formuler les relations logiques en termes de corrélation spatiale (appartenance à des classes) ou de séquence temporelle (le *propter hoc,* qui a toujours les espèces d'un *post hoc).*

III. Le problème, concernant Peirce, se poserait plutôt à propos du rapport entre les diagrammes (et les métaphores) et les icônes mentales, qui paraissent bien proches des *images éidétiques.* Dans ce cas, Peirce proposerait deux définitions de l'iconisme, dont la seconde serait formulée dans les termes d'une théorie de l'intuition. On comprendrait alors ses affirmations répétées, teintées de réalisme scottiste, selon lesquelles l'icône mentale aurait toutes les caractéristiques de la *species impressa* scolastique ; celle-ci dépend en effet de la chose pour ce qui est de sa forme (c'est la conception de la connaissance comme *adequatio rei et intellectus).* Nous serions ainsi revenus à une théorie de l'iconisme qui nous ferait pencher vers le second terme de l'alternative « Nomos-Physis » : le signe ne serait rien d'autre que l'effet physique de la forme de la chose. Mais personne ne s'est, autant que Peirce, posé en ennemi de toute forme d'intuitionnisme !

Peirce fait bien une place à la connaissance intuitive lorsqu'il traite des *Tones* et des *Qualisignes* (*cf.* § 2.7.4.). Mais les qualisignes sont les qualités que se donne un signe pour exister matériellement : qualités qui ne suffisent pas à constituer le signe dans sa structure relationnelle. Et il n'y a connaissance, chez Peirce, qu'au moment où la simple vision cesse d'avoir ce statut pour devenir signe.

Le rapport sémiotique se construit dans la mise en jeu d'éléments conventionnels. Et parmi eux il convient de mettre celui-ci en exergue : un signe ne surgit jamais pour son compte propre, isolément des autres signes ; dans la mesure où il se voit interprété par d'autres signes, il naît lui-même comme interprétant d'autres signes. Comme on l'a déjà dit à propos de la perception vue comme processus sémiotique (V. paragraphe précédent), pour Peirce, connaître signifie instituer des relations entre les choses, et les classer au moyen de signes. De sorte que même l'attribution de la propriété « rouge » à un objet donné implique un travail de comparaison et de rangement dans des classes déjà délimitées par la culture.

Ce n'est pas par hasard si, pour définir ce qui serait l'icône d'une Chinoise, Peirce recourt à l'idée assez triviale qu'elle serait la combinaison d'une icône de femme et d'une icône de Chinois. Il est évident que dans cette perspective le processus de décomposition peut se poursuivre à l'infini, alors que dans une théorie intuitive de l'iconisme, l'image de la Chinoise serait tout simplement le reflet d'un objet qui lui correspondrait, dans son unité gestaltiste, laquelle précède notre perception. Concluons : *l'objet perceptif est un construct* (sémiotique) et il n'est point d'icône qui ne soit le résultat d'un processus d'élaboration.

On l'avait déjà souligné au paragraphe 2.8. au moment où nous analysions les différents types de processus sémiotique donnant lieu à tout ce que l'on groupe sous l'étiquette conventionnelle « d'icône ». Même lorsqu'on peut le définir de manière rigoureuse comme signe *projectif* ou *caractérisant,* ce que l'on appelle communément signe iconique n'est pas une chose qui ressemble à la réalité dénotée, comme si l'on faisait cadeau de quelque trait de l'objet à notre perception. *C'est un signe produit de façon à engendrer cette apparence que nous appelons « ressemblance ».* La dépendance causale entre le signe et l'objet *n'est pas un effet quelconque de cet objet, mais réside dans la convention qui est à l'origine du signe* (et, du même coup, de l'objet lui-même en tant qu'il est une unité culturelle). Les propos de Peirce sur les icônes ont permis d'établir que cette définition doit pouvoir s'appliquer aussi à ces images qui semblent bien être les icônes par excellence : les images mentales. Une fois liquidé le rapport causal apparent entre objet et signe dans les images perceptuelles, il va de soi qu'on abolit du même coup la croyance ingénue (déjà discutée au paragraphe précédent) en un caractère spéculaire de la relation entre énoncé et faits de la réalité. Les raisons sont encore meilleures ici pour invoquer un rapport conventionnel de parallélisme (ce que l'analyse de la prétendue iconicité des formes logiques et des diagrammes a bien mis en évidence).

En bref, *les énoncés ne reflètent pas la forme des faits : c'est nous qui, par apprentissage, pensons les faits dans les formes où les énoncés les ont coulés.*

IV. Tout ce que nous avons exposé se heurte cependant à de nouvelles objections, dès l'instant où nous nous demandons par quel processus deux configurations sonores peuvent être reconnues comme des occurrences concrètes du même modèle (comment deux *tokens* sont des réalisations du même mot en tant que *type*). Car l'idée qu'il y a reconnaissance de l'objet à travers l'icône subsiste au cœur de la représentation que nous nous faisons de la perception : au moment même où nous admettons que deux diagrammes d'Euler constituent deux artifices conventionnels, il reste à savoir comment il se fait que nous reconnaissions les deux cercles dans leur être de cercle ! Loin de liquider le problème de la reconnaissance des formes, la question de l'iconisme le déplace : elle le situe à un niveau plus profond où il apparaît que motivation et convention constituent un couple de catégories complémentaires, un peu comme onde et particule se complètent dans la physique du rayonnement. Mais on a au moins atteint un résultat : nous sommes en mesure d'éliminer toute explication reposant sur la motivation iconique, dès lors qu'on voudrait que celle-ci se propose comme critère définitoire d'un signe. Nos catégories complémentaires sont sans doute valides à un niveau de recherche plus analytique (en psychologie, et peut-être en physiologie de la perception). Mais quand il s'agit de signes, il doit toujours être possible de parler en termes de conventions, ces conventions qui les instituent en leur qualité d'instruments culturels. (Pour une tentative de solution du problème de l'iconisme en termes de théorie de la production sémiotique, voir le paragraphe 4.3.).

5.3.5. *Quatrième manifestation du référent : l'objet comme* denotatum *du signe*

La liquidation kantienne de la chose-en-soi soulage la problématique du signe du poids que faisait peser sur elle le problème du rapport causal entre choses et concepts (et dès lors, entre choses et signes). La discussion reste cependant ouverte, avons-nous dit, sur la possibilité d'un rapport nécessaire entre ordre linguistique et ordre logique.

C'est dans les débats menés par les logiciens du XIXe et du XXe siècle que se trouve formulée, de manière rigoureuse et subtile à la fois, une question nouvelle : cette logique réintroduit en effet dans la problématique la *chose* — objet de référence de toute activité sémiotique — au titre de *paramètre* du signe lui-même. En d'autres termes, la logique moderne (et particulièrement celle qui est liée aux problèmes de la science expérimentale), toute à son objectif qui est d'étudier la valeur de vérité des propositions et donc d'établir si une assertion linguistique correspond ou non à tel état de choses, se voit contrainte à reprendre le concept de chose ou d'objet concret, réel et particulier. Que ceci aboutisse à des constructions conceptuelles plus raffinées (comme l'est le concept de classe) n'a pas à nous préoccuper ici. Et on admettra que la tradition logico-sémantique se tient loin des écueils qui affleuraient dans les discussions ouvertes par les empiristes anglais et par l'idéalisme transcendantal lorsqu'elle utilise telle expression pour référer à un objet ou à un état de fait. Si j'utilise l'expression /cette pomme est rouge/, je ne mobilise pas la notion philosophique d'objet, mais je discute sur le point de savoir si mon assertion correspond ou non à un état de fait. En d'autres termes, /cette pomme est rouge/ est Vrai si et seulement si la pomme est vraiment rouge.

La logique contemporaine s'inscrit ainsi dans la perspective qui était déjà celle de la logique ancienne : elle pose que les termes particuliers ne sont en soi ni vrai ni faux. Ils se contentent d'*indiquer* ou, au mieux, *dénotent.* Il n'y a que l'énoncé qui soit *assertif* et qui, dès lors, puisse être évaluable en termes de Vrai et de Faux.

Mais le fait qu'un terme (ou un signe) dénote ou indique oblige à se demander si on se réfère à tout le moins à un objet réellement existant, sur lequel on puisse se livrer à des vérifications empiriques.

C'est ainsi qu'en 1892, Frege propose une distinction dans laquelle on peut voir l'origine des triangles sémantiques qui ont vu le jour par après (et que nous avons présentés au paragraphe 1.2.). Chez Frege, le signe a un dénoté : une *Bedeutung* (que l'on a erronément traduit par « signifié ») et un *Sinn* (que l'on traduit habituellement par « sens »), localisé au sommet du triangle.

La *Bedeutung,* que nous traduirons dorénavant par « référence », est tantôt comprise comme un objet singulier, tantôt comme une classe d'objets. En réalité, elle constituait pour Frege une « valeur de vérité[1] ». Le *Sinn,* lui, est la manière dont l'objet se présente à l'esprit. L'exemple classique de cette distinction est la paire /étoile du soir/ et /étoile du matin/. Alors même que l'astronomie classique y voyait deux corps célestes distincts, ces expressions se réfèrent toutes deux à Vénus. La planète Vénus est donc la *Bedeutung* des deux signes, mais il y a deux *Sinnen,* deux sens, deux façons pour l'objet d'être appréhendé (Quine, 1953).

Suivant cette voie, les logiciens contemporains ont opéré une nouvelle distinction, (qui approfondit une proposition déjà faite par Stuart Mill) : celle qui sépare la classe de tous les objets auxquels le signe peut se référer — donc la dénotation entendue comme extension du signe — de tous ses sens possibles — donc son

1. Nous suivons ici la proposition d'Eco, fidèle aux traductions anglaises où *Bedeutung* — dont A. Rey (1976 : 72) note qu'il correspond « à la fois à une relation (c'est l'opération qui désigne) et à son résultat (c'est parfois ce qui est désigné) » — est généralement traduit par *référence*. En français, *Bedeutung* est le plus souvent traduit par *dénotation,* terme qui dans la traduction de Claude Imbert (1971) est parfois glosé par le mot « objet » lorsque Frege parle manifestement du dénoté (ou référent) *(n.d.t.).*

intension, ou encore ses connotations possibles, c'est-à-dire les propriétés qui peuvent être attribuées au dénoté du signe (évidemment, /connotation/ n'a pas ici le signifié que lui donnent les linguistes, et que nous avons commenté au paragraphe 3.5.).

Cette distinction permet d'échapper à la condition que serait la présence du référent factuel. On est amené à admettre que des signes peuvent n'avoir aucune extension *(denotatum, Bedeutung),* tout en ayant un sens et une intension comme par exemple /licorne/. N'importe qui peut énumérer les caractéristiques d'une licorne alors même que l'animal n'existe pas. On dira donc que /licorne/ est un signe à *extension nulle* (Goodman, 1952), ou encore qu'il dénote un objet existant dans un monde possible.

Cette solution pourrait bien soulager l'étude des langages naturels du fardeau du référent. Il suffirait en effet d'affirmer que ces langages se déploient dans le domaine des intensions, les cas de situation indexicale claire (par exemple dans /ce chien est noir/) étant mis à part. Le chimiste qui utilise le signe /H_2O/ au cours d'une expérience doit avoir la certitude qu'à l'usage indexical du signe correspond la présence effective d'eau dans son éprouvette; mais celui qui écrit un traité sur sa discipline peut parler de /H_2O/ et en énoncer toutes les propriétés intensionnelles, les transmettant ainsi à son lecteur, sans se préoccuper de l'extension réelle du terme. Sans tout ceci, le langage ne pourrait être utilisé ni pour mentir ni pour formuler des assertions fantaisistes.

Il faut faire observer, toutefois, que la notion d'intension est utilisée en logique pour mieux autoriser des calculs extensionnels. Démarche qui s'est révélée féconde, spécialement quand elle s'est appliquée à des langages très formalisés et univoques et quand il s'est agi de contrôler métalinguistiquement les méthodes des sciences ; mais démarche qui ne laisse pas de poser des problèmes lorsqu'elle s'applique à des problèmes sémiologiques au sens large. Cette différence épistémologique aboutit à un divorce entre logique et sémiotique, divorce que l'on tente aujourd'hui seulement de dépasser, grâce à la mise au point de nouvelles approches cognitives des langages naturels (Lakoff, 1987).

Pour fournir un exemple clair d'incompatibilité méthodologique, il nous faudra recourir à une doctrine dont les fondements reposent sur une conception radicalement « réaliste ». Nous voulons parler de la théorie russelienne de la dénotation.

Pour tirer des inférences Vraies ou Fausses d'un énoncé comme /Louis XVI était roi de France/, la logique doit établir si cet énoncé est lui-même Vrai ou Faux. L'implication $p \supset q$ sera vraie si, par exemple, p et q sont Vrais tous deux. S'il se fait que p est vrai mais que q est faux, alors l'implication est Fausse. Il est donc important de savoir si un énoncé est Vrai ou Faux. Mais pour le savoir, il faut d'abord établir si ses composants dénotent ou non quelque chose. En d'autres termes : ont-ils ou non une *Bedeutung ? Si* nous avons un nom comme /Chimère/ ou une description comme /l'actuel roi de France/, qui ne correspondent à aucun objet doté d'une existence réelle, alors nous sommes en mesure d'affirmer que l'énoncé /l'actuel roi de France est chauve/ est Faux. Mais Russell — à qui l'on doit cet exemple célèbre — n'est aucunement intéressé par le fait que /l'actuel roi de France/, quoique dépourvu de dénoté réel, a bien un signifié (un *Sinn).* Parce que ce signifié, grâce auquel nous comprenons sans hésitation ce que veut dire /l'actuel roi de France/, ne lui est guère utile : il n'intervient qu'à titre « d'occurrence secondaire » dans une phrase dénotative qui s'énonce /il est faux qu'il y ait actuellement un individu qui soit roi de France et qui soit chauve/. Dans ses *Principles of mathematics* (1904) déjà, Russell montrait son indifférence au signifié. « Le fait d'avoir un signifié me paraît une notion composite, faite d'éléments psychologiques aussi bien que logiques. Tous les mots ont un signifié en ce sens qu'ils sont là pour quelque chose de distinct d'eux. Mais, hormis dans le cas où elle porte sur le langage, une proposition ne contient pas de mots, mais bien les entités auxquelles les mots renvoient. De sorte que le signifié — au sens où l'on dit que les mots ont un signifié — ne relève pas de la logique. » Russell explique que dans une proposition comme /j'ai rencontré un homme dans la rue/, l'expression /un homme/ n'est pas là pour le concept, mais « dénote un quelconque bipède réel ». Il en arrive ainsi à affirmer, de manière radicale, que « seuls les concepts qui dénotent ont un signifié ». On comprendra alors pourquoi dans l'essai *On denoting* (1905), dont est extrait l'exemple du roi de France, le problème du signifié des descriptions et des assertions cesse d'avoir de la pertinence. Comme l'observe Bonfantini (1970), « Russell entend soutenir que le *signifié*, en tant qu'il serait distinct du *symbole* d'un côté et du *dénoté* de l'autre, est dépourvu d'existence ». On pourrait nuancer le jugement en admettant que Russell met le signifié en œuvre lorsqu'il admet la possibilité de propositions complexes qui dénoteraient métalinguistiquement des signifiés à quoi ne correspondrait aucun dénoté. Mais que Russell admette ou non l'existence d'un signifié est de peu d'importance : il est évident que la notion même de signifié est pour lui sans pertinence dans le champ de la logique.

On peut se demander comment on en arrive là. Car pour mener son calcul propositionnel, le logicien doit évidemment comprendre les affirmations contenues dans les expressions atomiques qui servent à construire le calcul. Pour établir une Vérité ou une Fausseté, il doit donc comprendre ce qu'elles signifient. Ou encore : établir leur fausseté, c'est établir qu'elles ne concordent pas avec les faits, mais pour dire cette discordance, il faut avoir saisi leur signification.

On observera bien sûr que dans le calcul propositionnel, dont nous traitons pour le moment, on met en relation des expressions qui correspondent ou non à des faits à l'aide d'opérateurs logiques précis (conjonction, négation, implication). Mais le calcul proprement dit n'intervient nullement dans la détermination de la Fausseté ou de la Vérité des expressions atomiques. Celles-ci sont acceptées, comme déjà dotées de leur statut, parce qu'il s'agit d'un calcul purement formel, manipulant de pures valeurs de vérité et non des faits. Les accepter avec leur statut, c'est les accepter comme faits empiriques.

Prenons un exemple manifestement paradoxal, afin de bien faire voir où gît le nœud du problème. Nous le prendrons dans ce que la logique appellerait une *conditionnelle irréelle (counterfactual conditional)*.

Soit l'implication /si ma grand-mère avait des roues, ce serait une auto/. En termes de calcul propositionnel, l'implication est vraie si :

(a) ma grand-mère a des roues et est une auto ;
(b) ma grand-mère n'a pas de roues mais est une auto ;
(c) ma grand-mère n'a pas de roues et n'est pas une auto.

Elle est fausse dans le seul cas où ma grand-mère, quoique ayant des roues, n'est *pas* une auto.

Il est évident que si la Vérité et la Fausseté de l'énoncé complexe dépendent du calcul logique, Vérité et Fausseté des énoncés atomiques dépendent du donné empirique. C'est l'expérience intuitive qui doit me dire si oui ou non ma grand-mère a des roues, et si la France a ou non un roi aujourd'hui. Ces intuitions empiriques concernent bien la perception que nous avons du *référent.*

De sorte que le référent, en tant que dénotation, devient la seule entité sémantique qui ait quelque consistance. Alors que le signifié — ce qui me permet de comprendre, sur le plan linguistique, ce que peut bien être une aïeule à roues — serait quelque chose de *donné,* saisi par l'intuition du locuteur, et que le calcul propositionnel n'entend pas expliquer.

Il y a plus : le calcul accepte comme donné non seulement le signifié de l'expression-atome, mais encore les signifiés des termes (ou des noms) isolés qui la composent, comme /auto/ ou /grand-mère/. Une conditionnelle irréelle comme celle que nous avons citée fait sourire (elle est de celles qu'on crée comme exemples « divertissants »). Mais les règles du calcul propositionnel n'expliquent pas pourquoi. C'est cependant ici que gît tout le problème sémiotique du signifié d'un signe, qu'il soit simple ou complexe : il y a dans l'automobile et dans la grand-mère quelque chose qui, pris isolément, ne prête pas à sourire, mais qui établit le comique dès que l'on prédique le caractère automobile de la grand-mère. Le sémème « auto » contient un composant qui le rend incompatible avec le sémème « grand-mère ». Et cette condition rend comiques les deux énoncés /ma grand-mère *est* une automobile/ et /ma grand-mère *n'est pas* une automobile/, alors que le premier énoncé serait qualifié de Faux et le second de Vrai dans le cadre du calcul propositionnel.

Tout ceci ne veut pas dire que la logique ne peut éclairer le problème du signifié : nous nous bornons à dire que le calcul des propositions voit ce problème du signifié comme empiriquement réglé. Une logique intensionnelle qui analyse les propriétés attribuées à un terme, dans tel *monde possible,* se rapproche cependant de ce que nous avons exposé au paragraphe 3.8. à propos de l'analyse componentielle du sémème. Dans ce cadre, l'on pourrait expliquer pourquoi il est inacceptable, ou comique, d'assigner à un terme des propriétés dont la convention nous dit qu'il n'est pas doté. C'est un problème qu'aborde Carnap (p. ex. Carnap, 1947), sans pour autant que, dans ce contexte, l'analyse intensionnelle se libère totalement de la contrainte extensionnelle.

Pour résoudre tous ces problèmes, il faut donc distinguer radicalement le signifié du référent, et séparer définitivement la logique de l'intension de la logique des valeurs de vérité. C'est à cette seule condition qu'une logique des langues naturelles pourrait avantageusement opérer sa jonction avec une sémiotique et vice versa. Mais il faut évidemment pour cela prendre ses distances avec l'intuitionnisme linguistique (selon lequel nous décidons si un énoncé donné a ou non un signifié), et construire une théorie du signifié telle que la présence et la qualité du signifié de l'énoncé trouvent une explication.

Comme on l'a vu, prendre le signifié comme un donné empirique revient à l'articuler à l'intuition empirique du référent, autrement dit à le faire dépendre de l'identification empirique du lien qui s'établit entre énoncé et faits. Bien sûr, ce n'est pas à cette opération que se livre la philosophie russellienne. Mais son désintérêt pour le problème du signifié aboutit à occulter celui-ci au profit de la dénotation, c'est-à-dire du recours au référent. Se focalisant sur la référence, elle se condamne à ne pouvoir expliquer pourquoi les langues naturelles peuvent articuler des signifiés indépendamment de la référence à des situations de fait et à des choses existantes ; pourquoi l'on peut raconter des légendes, ou mentir de façon à être cru. Certes, dire /ce chien n'existe pas/ en présence de l'animal est un mensonge stupide ; mais affirmer /dans l'Eucharistie, le corps et le sang du Christ se manifestent sous les espèces du pain et du vin/, assertion qui constitue un mensonge aux yeux de nombre de personnes, est signifiant, compréhensible, et a pu engendrer d'innombrables discours autant que d'innombrables événements historiques. Et il est évident que l'énoncé ne peut être discuté que si l'on a analysé sémantiquement les notions de « substance » et « d'espèce » ; et si l'on veut la réfuter, ce ne sera pas en affirmant que la Substance n'existe pas, mais par exemple en montrant l'incompatibilité du sémantisme de /substance/ avec le champ sémantique élaboré par la science contemporaine.

En d'autres termes, l'objet de la sémiotique (et d'une logique non référentielle) est d'expliquer pourquoi la langue peut élaborer des noms, des descriptions, des corrélations, des indications qui n'ont rien à faire avec les faits présumés réels, discours qui pourtant constituent, pour un bien comme pour un mal, le noyau de la culture et la substance de la communication quotidienne.

La médiation entre logique et sémiotique a commencé à se réaliser grâce à un logicien qui s'est penché sur le problème du langage quotidien. Nous voulons parler de Strawson, qui distingue entre *signifié* et *usage* d'un *énoncé* ou *phrase*. /Le roi de France est sage/ aurait été un énoncé vrai s'il avait été prononcé sous Louis XIV et aurait été réputé faux sous le règne de ce bon à rien de Louis XV. « A l'évidence, dans le cas de cette phrase, et non moins évidemment dans le cas de bien d'autres, nous ne pouvons pas parler de la *phrase* comme vraie ou fausse, mais seulement de son usage pour faire une assertion vraie ou fausse, ou (si l'on préfère) pour exprimer une proposition vraie ou fausse » (tr. fr. *apud* Rey 1976 : 120. Ici, Strawson se fonde sur une distinction selon laquelle la phrase est l'aspect signifiant d'une vérité logique qui, dans l'abstrait, est une proposition).

Strawson propose donc une nouvelle distinction entre signifié (que nous prendrons ici au sens où nous l'avons utilisé jusqu'à présent) et *acte de référence* ou *mention*. « 'Mentionner' ou 'renvoyer à' n'est pas une chose que fait une expression ; c'est quelque chose que quelqu'un peut faire en utilisant une expression. (...) Le sens (au moins dans une acception importante) est une fonction de la phrase ou de l'expression ; la mention et la référence, la vérité et la fausseté sont des fonctions de l'usage de la phrase et/ou de l'expression[1]. » Ainsi, donner le signifié d'une expression revient à formuler les règles générales qui président à son usage en vue d'une référence à des personnes ou à des objets singuliers. C'est établir les règles, les habitudes et les conventions qui régissent son emploi correct dans les circonstances où elle doit mentionner, ou faire référence.

Cette position est, on le voit, proche de celle de la sémiotique et de la linguistique. Etablir le signifié d'un lexème, c'est en effet, pour ces dernières, décrire son aspect componentiel comme un système de compatibilité avec d'autres signes. Ainsi on ne peut dire /c'est le piston qui fait marcher le roi de France/ parce que les règles sémantiques de /piston/ comportent des sélections restrictives qui le cantonnent dans des contextes mécaniques ; et l'on ne peut dire /cette locomotive est

1. Tr. fr. : 121-122. *Meaning* est ici traduit par *sens,* alors qu'il l'est par *signifié* dans la traduction italienne. Nous conservons *signifié* en dehors des citations de Strawson.

roi de France/ parce que /roi/ possède un trait sémantique humain absent de /locomotive/.

Mais l'analyse sémantique ainsi menée ne nous dit pas pourquoi, en dépit de la cohérence sémantique d'un énoncé comme /le roi de France est chauve/ (qui aurait très bien pu être prononcé par l'évêque Suger, ministre de Charles le Chauve), la phrase /l'actuel roi de France est chauve/ nous apparaît comme fausse. On pourrait se contenter d'affirmer que l'objet de la sémiotique est l'étude des conditions générales d'usage d'un signe ou d'un complexe de signes, dont on établit la signification mais sans se préoccuper de l'acte de mention qu'il autorise, mention qui ne peut trouver sa vérification que dans la comparaison empirique entre signe et chose. Mais mis à part que cette limitation serait frustrante (car la science des signes resterait alors impuissante à expliquer ce qui est la fonction la plus commune des signes : la mention), il y a un autre problème. C'est que la contradiction a précisément une origine sémiotique : l'énoncé pose un problème car nous disons /l'*actuel* roi de France/. Quel type de signe peut donc bien être /actuel/ ?

Si nous retournons aux classifications de Peirce, nous y reconnaîtrons un index ou, plus précisément, un Légisigne Indexical Rhématique. Cela signifie que prononcer /actuel/ est comme pointer un doigt en disant /ceci/, de façon à attirer l'attention de l'interlocuteur dans la direction de Paris. L'étude de la mention se déplace donc, pour devenir une étude de l'usage des indices.

Strawson souligne à ce sujet la différence entre deux types de règles : celles qui servent à attribuer et à imputer (ce sont nos règles sémantiques, aboutissant à l'attribution d'un signifié, et établies par des codes) et celles qui servent à la référence. Nous devons alors préciser que les règles de référence impliquent d'un côté l'usage d'un signe doté de signifié indépendamment de tout acte de référence concret (comme /roi de France/) et de l'autre une catégorie de signes — les index — qui mettent en connexion les termes généraux — les rhèmes, les dicisignes, les arguments — et les situations particulières. Si cette situation est inexistante, alors nous estimons que l'index n'a pas de signification et que dès lors tout l'acte de référence est faux (si, par un glissement que l'on pourrait qualifier d'émotionnel, nous jugeons également l'expression /roi de France/ fausse et sans signification, alors qu'elle reste pleinement signifiante, c'est une autre question, qui intéresse peut-être le psychologue, mais non le sémioticien).

Mais en ce point surgit un nouveau problème, que Strawson ne pose pas : si l'index sert à la référence concrète, il n'est donc pas *là pour* quelque chose d'autre, mais *s'associe* à quelque chose d'autre. Une des grandes caractéristiques du signe lui fait donc défaut (ou bien ce serait le seul type de signe qui n'ait pas de signifié, mais seulement un référent !). Comme on le verra, la sémantique structurale a implicitement répondu à cette question, et nous permet de la résoudre : si l'on postule que le contenu potentiel est tout entier segmenté en systèmes, champs et axes d'oppositions par une culture donnée (*cf.* 3.9.), il faut du coup postuler qu'il n'y a pas seulement des systèmes d'objets, mais aussi des systèmes de règles. On peut donc définir ces index comme des *vecteurs d'attention* dont le signifié est une règle métalinguistique (« dirige ton attention en direction de l'objet de la référence, afin de savoir à quoi tu devras appliquer les significations qui te sont communiquées par la présente assertion »), règle qui s'insère à son tour dans un système d'oppositions (vecteurs négatifs *vs* vecteurs positifs, etc. ; voir aussi 4.3.).

L'incapacité où il est de penser tous les signifiés (et

non seulement ceux des discours formalisés) comme des systèmes de *constructs* culturels rend le discours logique philosophique impuissant à se libérer du fantasme du référent. Strawson exorcise à coup sûr ce dernier, en le reléguant dans l'acte de référence lui-même. Mais cela le pousse à déclarer forfait à propos d'une théorie du langage naturel : « Ni les règles aristotéliciennes ni les russelliennes ne fournissent la logique exacte d'une expression relevant du langage ordinaire », dit-il. Ce qui est vrai. Mais il ajoute : « parce que le langage ordinaire n'obéit à aucune logique exacte ». Ce qui peut au moins être mis en question.

5.4. Le mythe de l'univocité du signe

5.4.1. Confrontée au foisonnement des usages des langues naturelles, et au caractère apparemment indéfinissable des situations où elles sont prises, la philosophie s'est toujours efforcée de réduire lesdits usages à un petit nombre de règles univoques (à tout le moins dans les domaines où un contrôle était possible).

Face aux subtils problèmes théologiques qu'ils avaient à connaître, les scolastiques ont dû élaborer une logique qui devait leur permettre de parler des objets de façon univoque. Mais d'un autre côté, parce qu'ils devaient aussi travailler au déchiffrement des textes sacrés — lesquels étaient par nature allusifs, symboliques, difficilement interprétables — il leur revenait aussi d'élaborer une théorie qui aurait fourni une définition univoque de la plurivocité.

C'est ainsi qu'émergent, d'un côté, des théories de la lecture et de l'interprétation des Ecritures. Au VIIᵉ siècle déjà, avec Bède le Vénérable, apparaît la théorie des Quatre sens des Ecritures (que Dante et d'autres reprendront par après): sens littéral, sens allégorique, sens anagogique et sens moral. Un nombre important de traités ont ainsi cherché, au long des siècles, à fixer les règles de lecture des divers types de signes naturels; ils enregistraient par exemple les cas dans lesquels un être donné, par exemple un bouc, pouvait, selon les contextes, être perçu tantôt comme un signe du Christ, tantôt comme celui du Démon.

De l'autre côté, sur le versant logique, apparaît une théorie de la désambiguïsation des signes. C'est dans les *Summulae Logicales* de Pierre d'Espagne (XIIIᵉ s.) qu'est posée pour la première fois la distinction entre signifié et *suppositio.*

Grosso modo, cette distinction peut être comparée au couple intension / extension. Le signifié d'un terme est le rapport que ce terme entretient avec le concept correspondant; la *suppositio,* elle, représente la manière dont le terme est utilisé pour faire référence à une chose ou à un état de choses. Les philosophes médiévaux distinguaient différents types de supposition: a) la supposition simple (ou référence spécifique), où le terme renvoie au concept correspondant (comme dans « l'homme est une espèce »); b) la supposition person-nelle (ou référence individuelle), où le terme renvoie à l'objet (comme dans « un homme court »); c) la supposition matérielle, dans laquelle le terme renvoie à lui-même ou à un autre terme (comme dans « homme a cinq lettres »).

5.4.2. Le néopositivisme contemporain est né en réaction contre l'usage ambigu et impressionniste des signes, pour tenir le langage scientifique sous contrôle, et pour identifier dans le langage philosophique la trace des « non-sens et des bosses que la compréhension se fait en donnant de la tête contre les limites du langage » (Wittgenstein), non-sens dus à l'attribution de sens équivoques à des expressions polysémiques, ou encore à l'attribution de référents à des expressions qui ne sont dotées que de signifiés, et qui sont utilisées comme si elles renvoyaient à un objet réel (comme par exemple tous les termes métaphysiques). De Wittgenstein à Carnap et à tous les philosophes de l'Encyclopédie de la Science Unifiée, la philosophie se propose comme une thérapie des usages équivoques de la langue et s'assigne un programme que Peirce avait déjà formulé en tête de ses définitions du pragmatisme : « Le pragmatisme doit se débarrasser de ces interminables controverses des philosophes, qui ont pour résultat qu'aucune observation valable des faits n'a pu être menée. (...) On constate que les uns et les autres assignent plusieurs sens aux mots ; ou bien, ici et là (voire partout), ils utilisent des mots sans signification définie. Ce qu'il nous faut donc, c'est une méthode pour clarifier le véritable sens de tout concept, doctrine, proposition, mot ou de tout autre signe. L'objet d'un signe est une chose ; le sens en est une autre. L'objet est la chose, ou l'occasion, qui reste indéfinie, et à quoi le signe doit être appliqué. Son sens est l'idée que le signe applique à l'objet, soit par le moyen d'une supposition soit par celui d'un ordre ou d'une assertion » (5.6.).

Les résultats du néopositivisme ont été féconds dans le domaine des sciences exactes mais ont été décevants (voire dangereux) dans celui des sciences humaines. Subdiviser avec autant de rigueur les activités sémiotiques en discours assertifs et émotifs, en affirmations vérifiables et pseudo-affirmations, en discours de communication et discours de pure expression, a abouti à ce que l'on privilégiât toujours le premier pôle de toutes ces oppositions. C'est de cette manière que l'usage de signes totalement univoques finit par apparaître comme le seul instrument de communication légitime ; usage pourtant exceptionnel dans la vie de tous les jours et plutôt réservé au monde clos des laboratoires. Du même coup se voyaient discrédités le discours quotidien, celui de la politique, de l'affectivité, de la persuasion, de l'opinion, tous modes de communication qui ne peuvent être mesurés à l'aune des paramètres rigoureux de la vérification scientifique.

5.4.3. Les réactions aux exigences néopositivistes ont été, elles aussi, unilatérales et passionnelles. D'un côté, on assiste au refus de se lier à des règles sémantiques et à l'affirmation d'une méthode interprétative dialectique devant rendre compte des contradictions de l'expérience (voir notamment la critique formulée par Marcuse à l'endroit du néopositivisme dans *L'Homme unidimensionnel*). Mais cette prise de position n'élimine en aucune manière le problème des règles sémantiques : elle aussi traite du signifié des signes comme s'ils étaient *donnés* par l'intuition. D'un autre côté, on a la philosophie dite analytique, qui travaille sur le langage quotidien. Dans le sillage du second Wittgenstein, les théoriciens de l'école anglaise ont certes établi le contact avec le dynamisme de la sémiose continue, qui se manifeste dans tous les aspects de la vie quotidienne, mais ils se sont résignés à décrire des listes de situations concrètes, dans l'illusion qu'elles n'obéissaient à aucune règle, et ont de nouveau admis comme critère de jugement l'intuition linguistique (que nous avons critiquée au paragraphe 4.3. II). Le répertoire qu'ils ont ainsi dressé est en tout point précieux (Ryle, 1949, Rossi-Landi, 1961), mais le discours sur les signes ne peut s'arrêter là. D'un autre côté, la distinction morrissienne entre sémantique, syntaxe et pragmatique a mis en évidence l'existence du monde des usages et des effets concrets du signe, lequel ne pouvait rester ignoré ; et l'analyse du langage et la psycho-linguistique n'ont pas été d'une mince utilité pour étudier les manifestations de la pragmatique. Mais peut-on vraiment séparer cette dernière de la sémantique et de la syntaxe ?

5.4.4. Morris (1938 : 34 *sqq.*) nous rappelle que « comme la sémantique a affaire aux relations entre signes et objets, et comme les interprètes et leurs réactions sont des objets naturels, étudiés par les sciences empiriques, il semblerait que la relation des signes aux interprètes tombe sous la juridiction de la sémantique ». Mais « l'interprétant d'un signe est l'habitude en vertu de laquelle le signifiant est réputé désigner certains types d'objets et de situations : il représente donc une méthode pour déterminer l'ensemble des objets que le signe en question désigne ; il n'est pas lui-même un membre de cet ensemble ». L'interprétant est donc un instrument métalinguistique, médiateur entre l'univers sémantique et l'univers pragmatique. Les *règles pragmatiques* établissent « les conditions auxquelles l'interprétant doit satisfaire pour que le signifiant soit un signe ».

Nous avons soutenu ici que ces règles d'usage, qu'elles soient d'ordre contextuel ou situationnel, ne peuvent être que sémantiques. Il est difficile de nier la chose dans une situation comportementale : toute définition du signe, et l'élaboration de règles sémantiques, y a pour fin le comportement que le signe induit. Que serait le signe (avec ses règles sémantiques) hors d'un système d'usages prévisibles et consentis ? En d'autres termes : pourquoi la sémantique (en tant qu'on l'oppose à la pragmatique) devrait-elle ne servir à rien ? Ne vaudrait-il pas la peine, alors, d'appeler sémantique la seule sémantique authentique, à savoir l'ensemble des règles pragmatiques ? Mais cela signifierait accepter le principe que le langage (et tout code) est le lieu de la plurivocité sémantique, et que la sémantique est la théorie de l'emploi ambigu des signes. La sémantique de stricte observance — sans pragmatique donc — n'est rien d'autre qu'une lexicographie de second ordre : celle à laquelle se livrent les faiseurs de dictionnaires de poche, pressés d'accoler à un signifié sa dénotation la plus obvie (en rendant du même coup impossible tout effort raisonnable de traduction d'une langue à une autre).

5.5. L'interprétant et la sémiose illimitée

L'usage des signes manifeste sa richesse dans la sémiose, et celle-ci réclame que la théorie des interprétants soit la plus accueillante possible. Retournons à Peirce, à qui l'on doit les propos les plus stimulants sur le sujet. « Un signe, ou *representamen,* est quelque chose qui tient lieu pour quelqu'un de quelque chose sous quelque rapport ou à quelque titre. Il s'adresse à quelqu'un, c'est-à-dire crée dans l'esprit de cette personne un signe équivalent ou peut-être un signe plus développé. Ce signe qu'il crée, je l'appelle *interprétant* du premier signe. Ce signe tient lieu de quelque chose : de son *objet.* Il tient lieu de cet objet, non sous tous rapports, mais par référence à une sorte d'idée que j'ai appelée quelquefois le *fondement* du representamen » (2.228 ; tr. fr. : 121).

Ce système à quatre termes, représentable par un quadrilatère *(representamen, interprétant, fondement, objet)* apparaît d'abord comme plus embarrassant que le triangle classique. En effet, Peirce définit ailleurs le fondement comme une idée, une propriété (ou un ensemble de propriétés) du signe, et donc comme une icône mentale. Laquelle, en sa qualité, constitue un autre interprétant du signe. Mais l'ambiguïté est due à la richesse de la définition de l'interprétant, et au fait que dans la perspective peircienne la vie mentale tout entière est une incessante organisation sémiotique.

Il y a en effet deux conceptions de l'interprétant : dans la première, l'interprétant est un *autre signe* qui traduit le premier (Peirce, 4.127 et *passim*) ; dans la seconde, l'interprétant est *l'idée* à laquelle la série de signes donne lieu (1.554 ; 4.127-5.283 et *sqq.*, et *passim*). Peirce soutenant en effet qu'il n'y a point de pensée sans processus sémiotique, il n'a aucune peine à en déduire que l'idée induite par un signe est un de ses interprétants : « Le signifié d'une représentation ne peut être qu'une représentation. En effet, il n'est rien d'autre que la représentation elle-même, mais conçue comme allégée de toute vêture non pertinente. Cette vêture ne peut toutefois jamais être tout à fait ôtée. Elle est simplement échangée contre une autre, plus transparente. Il y a donc ici un processus infini de régression. Au bout du compte, l'interprétant n'est rien d'autre qu'une autre représentation, à quoi l'on passe la torche de la vérité ; et en cette qualité de représentation, il a à son tour un interprétant. De sorte que s'amorce une nouvelle série infinie » (1.339).

La vérité est que la notion d'interprétant se pose, dans la pensée de Peirce, comme le Troisième élément — l'élément médiateur — d'une relation triadique qui implique un Premier et un Deuxième élément. Cette relation triadique constitue non seulement un modèle sémiotique, mais encore une constante métaphysique-ontologique de l'univers physique et mental. Chaque fois que l'on a une médiation, on a donc un interprétant, que cette médiation soit assurée par un autre signe, par une idée (au sens platonicien du terme), par une image mentale, une définition, ou par le lien de nécessité qui se noue entre une inférence et la prémisse qui l'a autorisée (1.541 ; 2.93 ; 5.473).

Ailleurs (4.536), Peirce distingue entre interprétant

immédiat — qui est le signifié — interprétant *dynamique* — qui est l'effet produit par le signe —, et interprétant *final,* qui est « l'effet que le signe produirait sur un esprit dès lors que les circonstances permettraient à cet effet de se réaliser pleinement » (Lettre à Lady Welby, 14-3-1909). Ce dernier concept, un peu obscur, se voit peut-être éclairé par la notion pragmatique d'interprétant logique final. Nous l'avons dit : la vie mentale est pour Peirce une immense chaîne sémiotique ; elle va des premiers interprétants logiques (conjectures élémentaires qui signifient les phénomènes, puisqu'elles les suggèrent) aux interprétants logiques finaux. Ceux-ci sont les habitudes, les dispositions à l'action, et donc à l'intervention sur les choses, vers quoi tend toute la sémiose. On pourrait croire que Peirce exprime ici quelque chose d'assez voisin de ce que nous avons avancé dans les paragraphes précédents, où l'on a vu la vie de la sémiose tendre vers ces actes de référence où le signe vient finalement s'abolir, et d'où part le comportement qu'il induit. Il y a cependant quelque chose de plus chez Peirce : c'est toute l'activité intellectuelle qui tend à former chez l'homme les habitudes d'action pratique. Ces habitudes constitueraient les interprétants logiques finaux, car la sémiose s'y abolit : « Dans certaines conditions, l'interprétant aura créé l'habitude d'agir d'une certaine façon, chaque fois que l'on souhaite un résultat donné. La conclusion logique, réelle et vivante, *est* cette habitude ; et la formulation verbale ne fait rien d'autre que l'exprimer. Je ne nie pas que concept, proposition ou argument puissent être des interprétants logiques. J'insiste sur ce point qu'ils ne peuvent constituer l'interprétant logique final, parce qu'ils sont eux-mêmes des signes, et précisément de ceux qui ont eux-mêmes un nouvel interprétant logique. Seule l'habitude — qui peut être signe sous un certain point de vue — n'est pas signe de la même manière que celui dont elle est l'interprétant logique (...). L'habitude (...) est la définition vivante, l'interprétant logique final authentique.

Par conséquent, le plus parfait parmi les calculs d'un concept transmissible par des mots consistera dans la description de l'habitude que ce concept est destiné à produire » (5.491).

On comprendra donc pourquoi Peirce peut affirmer, à un moment donné, qu'il peut y avoir des interprétants qui ne sont pas des signes (8.332, 339) : l'interprétant d'un signe peut être une action, ou un comportement. Cette position semble bien annoncer le comportementalisme morrissien, mis à part qu'elle fait rentrer toute la pragmatique dans le domaine de la sémantique, par le biais de la notion unifiante d'interprétant. Il semblerait que la sémiose, dans sa fuite sans fin de signe à signe, de médiation en médiation, s'arrête à l'instant où elle se résout dans une habitude. Commence alors la vie, et l'action. Mais comment l'homme agit-il sur le monde ? Par le moyen de nouveaux signes. Et comment l'habitude finale peut-elle être décrite, sinon par des signes définitionnels (5.491)? Au moment même où la sémiose semble s'être consumée dans l'action, nous sommes de nouveau en pleine sémiose. L'homme est bien langage. « Comme l'homme ne peut penser que par le moyen de mots ou d'autres symboles extérieurs à lui, ceux-ci pourraient lui retourner le propos, et dire : « tu ne peux rien dire que nous ne t'avons déjà enseigné et tu ne peux signifier que dans la mesure où tu mobilises un mot comme interprétant de ta pensée ». Et de fait, hommes et mots s'éduquent mutuellement ; tout enrichissement du savoir humain détermine — et est déterminé par — un enrichissement correspondant du savoir des mots » (5.313). « Le mot ou le signe que l'homme utilise est l'homme même. Le fait que la vie est une succession de pensées prouve en effet que l'homme est signe. Cela revient à dire que l'homme et le signe qui lui est extérieur sont une seule et même chose, de même qu'il y a identité entre les mots *homo* et *man*. Ainsi mon langage est-il la somme totale de mon être, car l'homme est la pensée » (5.314).

C'est toute la fresque philosophique peircienne qui justifie cette vibration finale. On peut évidemment la retraduire en termes plus mesurés, et aussi l'extraire de l'univers métaphysique qui l'a produite, pour insister une dernière fois sur un concept qui préside aujourd'hui encore aux recherches sur le signe : *l'homme est son langage, car la culture n'est rien d'autre que le système des systèmes de signes.* Même lorsqu'il croit parler, l'homme *est parlé* par les règles régissant les signes qu'il utilise. Connaître ces règles, c'est assurément connaître la société ; mais c'est aussi connaître les déterminations sémiotiques de ce qu'on nommait autrefois *res cogitans* : les déterminations qui nous constituent comme pensée.

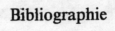

Bibliographie

La date qui précède le titre et qui, dans le texte, est citée après le nom de l'auteur est toujours celle de la première édition en langue originale, ou celle de la première publication dans un recueil aisément accessible. Mais le titre et la référence qui suivent sont ceux de l'éventuelle traduction française, indications auxquelles on ajoute dès lors la date de cette édition *(n.d.t.)*.

Collectifs :

1929 *Travaux du cercle linguistique de Prague,* 1, Prague (reproduit dans *Le Cercle de Prague,* numéro 3 de la revue *Change,* Paris, Le Seuil, 1969).

1962 *La Notion de structure* (éd. par Sem Dresden), La Haye, Van Goor.

1966 *Problèmes du langage,* Paris, Gallimard (*Diogène,* 51).

1972 *Contributi sui segni iconici,* n° spécial de *VS* (n° 3), Milano, Mauri.

1973 *Semiotica e logica,* n° spécial de *VS* (n° 4), Milano, Bompiani.

ANTAL, Lázló
1963 *Questions of Meaning,* Den Haag, Mouton.

ASHBY, ROSS
1960 *Design for a brain,* 2e éd., London, Chapman et Hall.

AUSTIN, J.L.
1958 *Performatif-constatif,* dans *La Philosophie analytique,* Paris, Minuit, 1962: 274-304 (= Cahiers de Royaumont, 4).
1962 *Quand dire c'est faire,* Paris, Le Seuil, 1970.

AUZIAS, Jean-Marie
1967 *Clefs pour le structuralisme,* Paris, Seghers (= Clefs).

BALLY, Charles
1932 *Linguistique générale et linguistique française,* Berne, Francke.

BARTHES, Roland
1964 *Eléments de sémiologie,* dans *Communications,* 4: 91-136 (repris dans *Le Degré zéro de l'écriture,* Paris, Gonthier, 1965).
1967 *Système de la mode,* Paris, Le Seuil (repris dans la coll. « Points »).
1970 *L'ancienne rhétorique. Aide-Mémoire,* dans *Communications,* 16: 172-229.

BAUDRILLARD, Jean
1968 *Le Système des objets,* Paris, Gallimard (reprise: Denoël, Gonthier, 1972).

BENSE, Max
1965 *Aesthetica,* Baden-Baden, Agis Verlag.

BENVENISTE, Emile
1966 *Problèmes de linguistique générale,* Paris, Gallimard (= Bibliothèque des sciences humaines).

BETTETINI, Gianfranco
1968 *Cinema: Lingua e scritura,* Milano, Bompiani.
1971 *L'indice del realismo,* Milano, Bompiani.

1972 *La crisi dell'iconicità nella metafora visiva,* in *VS,* 3: 54-59.

BIERWISCH, Manfred
1970 *Semantics,* dans *New Horizons in Linguistics* éd. par J. Lyons, Harmondsworth, Penguin.

BIRDWHISTELL, Ray L.
1960 *Kinesics and Communication,* dans *Explorations in Communications* éd. par E. Carpenter et M. Mc Luhan, Boston, Beacon Press (en français: voir *La Communication non verbale,* in P. Alexandre, éd., *L'Aventure humaine,* Paris, Kister, 1967).

BONFANTINI, Massimo
1970 « Appendice critica » à Russel, B., *Linguaggio e realtà,* Bari, Laterza.

BONFANTINI, M.A. et PRONI, G.P.
1983 *To Guess or not to guess,* in Eco — Sebeok, 1983: 119-134.

BONSIEPE, Guy
1965 *Retorica visivo-verbale,* dans *Marcatre,* 19-22 (ou *Visuele/Verbale Rhetorik — Visual/Verbal Rhetoric,* Ulm, 14-16).

BORBE, Tasso (éd.)
1983 *Semiotics unfolding* (4 vol.), Berlin, New York, Amsterdam, Mouton.

BOSCO, Ninfa
1959 *La filosofia pragmatica di C.S. Peirce,* Torino, Ed. di « Filosofia ».

BURSILL-HALL, Geoffrey-L.
1971 *Speculative Grammars of the Middle Ages,* Den Haag, Mouton.

BUYSSENS, Eric
1973 *Les Langages et le discours,* Bruxelles, Office de Publicité (= Lebègue, 27).

CARNAP, Rudolf

1947 *Meaning and necessity, A study in Semantics and modal Logic,* Chicago, The University of Chicago Press ; 5 éd. augm. : Phoenix Books, 1967.

1955 *Meaning and synonymy in Natural languages,* dans *Philosophical Studies,* 7 : 33-47. Trad. fr. partielle dans Rey, 1976 : 86-94.

CARPENTER, Edmund et Mc LUHAN, Marshall (éds)

1960 *Exploration in Communication : an Anthology,* Boston, Beacon Press.

CASETTI, Francesco

1972 *Discussione sull'iconismo,* dans *VS,* 3 : 43-47.

CASSIRER, Ernst

1923 *La Philosophie des formes symboliques. 1. Le langage,* Paris, Editions de Minuit, 1972.

CHATMAN, Seymour, ECO, Umberto, KLINKENBERG, Jean-Marie (éds)

1979 *A semiotic landscape. Panorama sémiotique,* New York, Mouton.

CHERRY, Colin

1968 *On human communication,* New York, Willey (2ᵉ éd.).

CHOMSKY, Noam

1957 *Structures syntaxiques,* Paris, Le Seuil, 1969 (= L'ordre philosophique).

1965 *Aspects de la théorie syntaxique,* Paris, Le Seuil, 1971 (= L'ordre philosophique).

1966 *Linguistique cartésienne,* Paris, Le Seuil, 1969.

1968 *Le Langage et la pensée,* Paris, Payot, 1969.

COSERIU, Eugenio

1962 *Teoría del lenguage y lingüística general,* Madrid, Gredos (= Biblioteca románica hispánica).

CRESTI, Emanuela
1972 *Oppositions iconiques dans une image de bande dessinée reproduite par Lichtenstein,* dans *VS*, 2: 41-62.

CROCE, Benedetto
1936 *La Poésie,* Paris, P.U.F., 1951.

DE FUSCO, Renato
1968 *Tre contributi alla semiologia architettonica,* dans *Op. Cit.,* 12.
1969 (avec M.L. Scalvini) *Significanti e significati nella rotonda palladiana,* dans *Op. Cit.,* 16.

DE MAURO, Tullio
1965 *Une introduction à la sémantique,* Paris, Payot, 1969.
1971 *Senso e significato,* Bari, Adriatica.

DERRIDA, Jacques
1967 *De la grammatologie,* Paris, Editions de Minuit.

DINNEEN, Francis P.
1967 *An introduction to general linguistics,* New York, Holt, Rinchart et Winston.

DUCROT, Oswald et TODOROV, Tzvetan
1972 *Dictionnaire encyclopédique des sciences du langage,* Paris, Le Seuil.

DUCROT, Oswald, TODOROV, Tzvetan, SPERBER, Dan, SAFOUAN, M., WAHL, François
1968 *Qu'est-ce que le structuralisme?,* Paris, Le Seuil.

ECO, Umberto
1968 *La Structure absente,* Paris, Mercure de France, 1972.
1971 *Le forme del contenuto,* Milano, Bompiani.
1972a (éd.) *Estetica e teoria dell'informazione,* Milano, Bompiani.

1972b *Introduction to a semiotics of iconic signs,* dans *VS*, 2: 1-15.

1976 *A Theory of Semiotics,* Bloomington: Indiana U.P. (en italien: *Trattato di semiotica generale,* Milano, Bompiani, 1975).

1979 *Lector in Fabula,* Paris, Grasset, 1986.

1983 *Horns, Hooves, Insteps: Some Hypotheses on Three Types of Abduction,* dans Eco-Sebeok, 1983.

✗ 1984 *Sémiotique et philosophie du langage,* Paris, P.U.F., 1988.

Eco, Umberto et Faccani, R. (éds)
1969 *I sistemi di segni e lo strutturalismo sovietico,* Milano, Bompiani.

Eco, Umberto et Volli, Ugo
1970 *Introduzione a Paralinguistica e cinesica,* Milano, Bompiani.

Eco, U. et Sebeok, T.A. (éds)
1983 *The Sign of Three: Dupin, Holmes, Peirce,* Bloomington, Indiana University Press.

Ekman, P. et Friesen, W.
1969 *The Repertoire of Non-Verbal Behavior Categories, Origins, Usage and Coding,* dans *Semiotica,* I, 1.

Fano, Giorgio
1962 *Saggio sulle origini del linguaggio,* Torino, Einaudi.

Farassino, Alberto
1972 *Richiamo al significante,* dans *VS*, 3: 48-53.

Formigari, Lia
1970 *Linguistica ed empirismo nel 600 inglese,* Bari, Laterza.

Frank, Lawrence
1960 *Tactile communication,* dans *Genetic Psychology Monographs,* 56.

FREGE, Gottlob
1892 *Uber Sinn und Bedeutung,* dans *Zeitschrift für Philosophie und Philosophische Kritik,* 100. (Trad. fr. dans *Ecrits logiques et philosophiques,* Paris, Le Seuil, 1971 : 102-126.)

GARRONI, Emilio
1968 *Semiotica ed estetica,* Bari, Laterza.
1972 *Progretto di semiotica,* Bari, Laterza.
1977 *Ricognizione della semiotica,* Roma, Officina.

GOFFMAN, Erving
1963 *Behavior in Public Places: notes on the Social Organization of Gatherings,* New York, Free Press (trad. fr. du chap. III dans Y. Winkin, *La Nouvelle Communication,* Paris, Le Seuil, 1981 : 267-278).
1967-69 *Les Rites d'interaction,* Paris, Ed. de Minuit, 1974.
1971 *Les Relations en public,* Paris, Ed. de Minuit, 1973.

GOMBRICH, Ernst
1956 *L'Art et l'Illusion,* Paris, Gallimard, 1971.
1963 *Méditations sur un cheval de bois et autres essais sur la théorie de l'art,* Paris, W., 1986. (article de tête publié en 1951).

GOODMAN, Nelson
1949 *On Likeness of Meaning,* dans *Analysis,* 10.

GREENBERG, Charles (éd.)
1963 *Universals of language,* Cambridge, MIT Press.

GREIMAS, Algirdas-Julien
1966 *Sémantique structurale,* Paris, Larousse (= Langue et langage), (repris chez P.U.F., Paris, 1986).
1968 *Conditions d'une sémiotique du monde naturel,* dans *Langages,* 7 (repris dans *Du Sens :* 49-91).
1970 *Du sens,* Paris, Le Seuil.

GREIMAS, A.-J. et COURTÈS, Joseph
1979 *Sémiotique,* Paris, Hachette (= Université)

GROUPE μ (J. DUBOIS, F. EDELINE, Ph. MINGUET, J.M. KLINKENBERG, F. PIRE, H. TRINON)
1970 *Rhétorique générale,* Paris, Le Seuil, 1982 (= Points, 146).
1977 *Rhétorique de la poésie,* Bruxelles, Complexe.

GUIRAUD, Pierre
1955 *La Sémantique,* Paris, P.U.F. (= Que sais-je?, 655).
1970 *La Sémiologie,* Paris, P.U.F. (= Que sais-je?, 1421).

HALL, Edward T.
1959 *Le Langage silencieux,* Paris, Mame, 1973.
1966 *La Dimension cachée,* Paris, Le Seuil, 1971 (= Intuitions).
1968 *A system for the notation of proxemic behavior,* dans *American Anthropologist,* 65: 1 003-1 026.

HAIMAN, J.
1980 *Dictionaries and Encyclopedia,* dans *Lingua, 50.*

HELBO, André (éd.)
1979 *Le champ sémiologique,* Bruxelles, Complexe (= Creusets).

HENAULT, Anne
1979 *Les Enjeux de la sémiotique* vol. 1: *Introduction à la sémiotique générale,* Paris, P.U.F.
1983 *Les Enjeux de la sémiotique* vol. 2: *Narratologie, sémiotique générale,* Paris, P.U.F.

HJELMSLEV, Louis
1943 *Prolégomènes à une théorie du langage,* Paris, Editions de Minuit, 1968.
1957 *Pour une sémantique structurale,* dans *Essais linguistiques,* Copenhague, Nordisk Sproog- og Kulturforlag, 1959: 96-112.

1963 *Le Langage,* Paris, Editions de Minuit, 1966.
1971 *Essais linguistiques,* Paris, Editions de Minuit.

HOOK, S. (éd.)
1969 *Language and Philosophy,* New York University Press.

HUSSERL, Edmund
1922 *Recherches logiques,* Paris, P.U.F., 1962, 1969.

JAKOBSON, Roman
1963 *Essais de linguistique générale,* Paris, Editions de Minuit.

JAKOBSON, Roman et HALLE, Morris
1956 *Fundamentals of Language,* Den Haag, Mouton.

KATZ, Jerrold
1972 *Semantic theory,* New York, Harper et Row (trad. fr. d'un fragment dans Rey, 1976: 237-241).
1977 *Propositional Structure and Illocutionary Force,* New York, Crowell.
1979 *The Neoclassical Theory of Meaning,* dans P.A. French éd., *Contemporary Perspectives in the Philosophy of Language,* Minneapolis, University of Minnesota Press.

KATZ, Jerrold et FODOR, Jerry A.
1964 *Structure d'une théorie sémantique,* dans *Cahiers de lexicologie,* 9 (1966): 39-72 et 10 (1967): 31-66.

KOENIG, Giovanni Klaus
1970 *Architettura e comunicazione,* Firenze, Fiorentina.

KRISTEVA, Julia
1969 *Semeiotikè. Recherches pour une sémanalyse,* Paris, Le Seuil.

LACAN, Jacques
1966 *La Chose freudienne,* dans *Ecrits,* Paris, Le Seuil.

LAKOFF, Georges, JOHNSON, Mark
1980 *Les Métaphores dans la vie quotidienne,* Paris, Editions de Minuit, 1985.

LALANDE, André
1926 *Vocabulaire technique et critique de la philosophie,* Paris, P.U.F. (7e éd., 1956).

LANGER, Suzanne K.
1953 *Feeling and form,* New York, London, Scribner's Sons, 1965.

LAUSBERG, Heinrich
1949 *Elemente der literarischen Rhetorik,* München, Max Hueber.

LEECH, Geoffrey
1974 *Semantics,* Harmondsworth, Penguin books.

LEIBNIZ, Gottfried Wilhelm
1972 *Œuvres,* Paris, Aubier-Montaigne.

LENNEBERG, Erich H. (éd).
1967 *Biological fundations of language,* New York, John Wiley.

LEPSCHY, Giulio C.
1966 *La Linguistique structurale,* Paris, Payot, 1968.

LEVI-STRAUSS, Claude
1949 *Les Structures élémentaires de la parenté,* Paris, P.U.F. (éd. rev. : Den Haag, Mouton, 1967).
1958 *Anthropologie structurale,* Paris, Plon.
1960 *Discours au Collège de France,* dans *Annuaire du Collège de France,* 40.
1964 *Le Cru et le cuit,* Paris, Plon.

LINSKY, Leonard (éd.)
1952 *Semantics and the philosophy of Language,* University of Illinois Press.
1967 *Le Problème de la référence,* Paris, Le Seuil, 1974.

LOCKE, John
1960 *Essai philosophique concernant l'entendement humain*, Paris, Vrin, 5ᵉ éd., 1972.

LYONS, John
1968 *Linguistique générale*, Paris, Larousse, 1970.
1977 *Eléments de sémantique*, Paris, Larousse, 1978 (= Langue et langage).

MALTESE, Corrado
1970 *Semiologia del messagio oggettuale*, Milano, Mursia.

MARTIN, Robert
1976 *Inférence, autonymie et paraphrase*, Paris, Klincksieck (= Bibliothèque française et romane).

MARTINET, André
1960 *Eléments de linguistique générale*, Paris, Armand Colin.
1962 *Langue et fonction*, Paris, Denoël, 1969.

MARTINET, Jeanne
1973 *Clés pour la sémiologie*, Paris, Seghers (= Clefs).

McLUHAN, Marshall
1962 *La Galaxie Gutenberg*, Tours, Paris, Mame, 2e éd., 1967.
1964 *Pour comprendre les média*, Tours, Paris, Mame, Le Seuil, 2e éd., 1968 (= Intuitions).

MELANDRI, Enzo
1968 *La linea e il circolo*, Bologna, Il Mulino.

MERLEAU-PONTY, Maurice
1960 *Signes*, Paris, Gallimard.

METZ, Christian
1968 *Essais sur la signification au cinéma*, Paris, Klincksieck.
1974 *Langage et cinéma*, Paris, Larousse (= Langue et langage).

MILLER, George Armitage
1967 *Psychology and Communication*, New York, Basic Books.

MINSKY, Marvin
1966 (éd.) *Semantic information Processing*, Cambridge, MIT Press.
1974 A *Framework for representing knowledge*, dans AI *Memo* 306, Cambridge, MIT Press.

MOLES, Abraham A.
1958 *Théorie de l'information et perception esthétique*, Paris, Flammarion.
1969 *Sociodynamique de la culture*, Den Haag, Mouton.
1972 *Teoria informazionale dello schema*, dans *VS*, 2: 29-40.

MORRIS, Charles
1938 *Foundations of the Theory of Signs*, Chicago University Press (= International Encyclopedia of Unified Sciences, 1, 2). Traduction française des trois premiers paragraphes dans la revue *Langages*, n° 35, 1974: 15-21. Repris *in* Morris 1971.
1946 *Signs, Language and Behavior*, New York, Prentice Hall.
1971 *Writings on the General Theory of Signs*, Den Haag, Mouton.

NEUBAUER, F. et PETÖFI, J.S.
1981 *Word semantics, Lexicon Systems and Text Interpretation*, dans H.J. Eikmeyer et H. Rieser (éds), *Words, Worlds and Contexts*, Berlin, De Gruyter: 344-377.

OSGOOD, Charles E., SUCI, G.J., TANNENBAUM, P.H.
1957 *The measurement of meaning*, Urbana, Illinois University Press.

PASOLINI, P. Paolo
1972 *Empirismo eretico,* Milano, Garzanti.

PEIRCE, Charles Sanders
1931-1935 *Collected Papers,* Cambridge, Harvard, University Press. Trad. fr. partielle : *Ecrits sur le signe,* éd. par G. Deledalle, Paris, Le Seuil, 1979.

PERELMAN, Chaïm et OLBRECHTS-TYTECA, Lucie
1958 *Traité de l'argumentation. La nouvelle rhétorique,* Paris, P.U.F.

PIAGET, Jean
1968 *Le Structuralisme,* Paris, P.U.F. (= Que sais-je ?, 1311).

PIERCE, J.R.
1961 *Symboles, signaux et bruit. Introduction à la théorie de l'information,* Paris, Masson-Sofradel.

POTTIER, Bernard
1965 *La Définition sémantique dans les dictionnaires,* dans *Travaux de linguistique et de littérature,* III, 1 : 33-39.

PRIETO, Luis-J.
1964 *Principes de noologie. Fondements de la théorie fonctionnelle du signifié,* Den Haag, Mouton.
1966 *Messages et signaux,* Paris, P.U.F.
1975 *Pertinence et Pratique. Essai de sémiologie,* Paris, Ed. de Minuit.

PROPP, Vladimir Ja.
1928 *Morphologie du conte,* Paris, Le Seuil (= Points).

PUTNAM, H.
1975 *Mind, Language and Reality,* vol. 2, London et New York, Cambridge University Press.

QUILLIAN, Ross M.
1968 *Semantic memory,* dans M. Minsky (éd.), *Semantic Information Processing,* Cambridge, MIT Press.

Quine, Willard Van Orman

1951 *Two Dogmas of Empiricism,* dans *Philosophical Review, 50* (repris dans Quine, 1953 : 20-46).

1953 *From a logical Point of View,* Cambridge, Harvard, University. Trad. fr. du chapitre *Les deux dogmes de l'empirisme* dans P. Jacob, *De Vienne à Cambridge,* Paris, Gallimard, 1980 : 87-113.

1960 *Le Mot et la chose,* Paris, Flammarion, 1977 (= Nouvelle bibliothèque scientifique).

Rey, Alain

1973 *Théories du signe et du sens,* I, Paris, Klincksieck.

1976 *Théories du signe et du sens,* II, Paris, Klincksieck.

Rey-Debove, Josette

1971 *Etude linguistique et sémiotique des dictionnaires français contemporains,* Paris, Klincksieck.

1979 *Sémiotique,* Paris P.U.F. (= Lexique).

Richards, I.A. et Ogden, R.G.

1923 *The Meaning of Meaning,* London, Routledge et Kegan Paul (10ᵉ éd., 1949, réimpr. en 1960. Trad. fr. d'un fragment dans Rey 1976 : 112-114).

Rifflet-Lemaire, Anika

1970 *Jacques Lacan,* Bruxelles, Dessart (= Psychologie et Sciences humaines, 31).

Robins, Robert Henry

1969 *Brève histoire de la linguistique : de Platon à Chomsky,* Paris, Le Seuil, 1976 (= Travaux de linguistique).

Rosiello, Luigi

1965 *Struttura, uso e funzioni della lingua,* Florence, Vallecchi.

Rossi, Paolo

1960 *Clavis universalis — Arti mnemoniche e logica combinatoria da Lullo a Leibniz*, Milan, Ricciardi.

Rossi-Landi, Ferruccio

1953 *Charles Morris*, Milan, Bocca.

1961 *Significato, comunicazione, parlare comune*, Padoue, Marsilio.

1968 *ll linguaggio come lavoro e come mercato*, Milan, Bompiani (trad. fr. de fragments dans Rey, 1976 : 319-330).

1972 *Semiotica e ideologia*, Milan, Bompiani.

Russell, Bertrand

1905 *On Denoting*, dans *Mind*, 14 (réédité dans *Logic and knowledge. Essays 1901-1950*, éd. R.C. Marsh, London, 1956).

1950 *Signification et vérité*, Paris, Flammarion, 1969.

Ryle, Gilbert

1949 *La Notion d'esprit. Pour une critique des concepts mentaux*, Paris, Payot, 1978 (= Bibliothèque scientifique).

Salanitro, Niccolo

1969 *Peirce e i problemi dell'interpretazione*, Rome, Silva.

Sapir, Edward

1921 *Le Langage*, Paris, Payot, 1967 (= Petite bibliothèque, 104).

Saussure, Ferdinand de

1916 *Cours de linguistique générale*, Paris, Payot.

Schaff, Adam

1962 *Introduction à la sémantique*, Paris, Anthropos, 1969.

SCHANK, Roger

1975 *Conceptual information processing,* Amsterdam, North Holland.

SCHANK, R. et RIESBECK, C.K.

1981 *Inside Computer understanding,* Hillsdale, Erlbaum.

SCHMIDT, S.

1973 *Texttheorie / Pragmalinguistik,* München, Fink.

SEBEOK, Thomas A.

1968 (éd.) *Animal communication : Techniques of study and Results of research,* Bloomington, Indiana University Press.

1972 *Perspectives in zoosemiotics,* Den Haag, Mouton.

1976 *Contributions to the Doctrine of Signs,* Bloomington, Indiana University Press.

1979 *You Know my methode : A Juxtaposition of Charles S. Peirce and Sherlock Holmes,* dans *Semiotica,* 26 (repris dans Eco-Sebeok, 1983).

1986 (éd.) *Encyclopedic Dictionary of Semiotics,* (3 vol.), Berlin, New York, Amsterdam, Mouton, De Gruyter.

SEBEOK, T.A., HAYES, A.S. et BATESON, M.C. (éds).

1964 *Approaches to Semiotics,* Den Haag, Mouton.

SEGRE, Cesare

1970 *I segni e la critica,* Turin, Einaudi.

SHANNON, C.E. et WEAVER, W.

1949 *The mathematical theory of communication,* Urbana, University of Illinois Press.

SIMONE, Raffaele

1969a *Piccolo dizionario della linguistica moderna,* Torino, Loescher.

1969b « *Introduzione* » *a Grammatica e Logica di Port Royal,* Roma, Ubaldini.

STALINE, Joseph
1950 *A propos du marxisme en linguistique,* Paris, La Nouvelle Critique (repris sous le titre *Le Marxisme et les problèmes de la linguistique,* Pékin, Editions en langues étrangères, 1974).

STANKIEWICZ, Edward
1964 *Problems of Emotive Language,* dans Sebeok *et al., Approaches to Semiotics:* 239-264.

STEVENSON, Charles
1964 *Ethics and Language,* New Haven, Yale University Press.

STRAWSON, P.F.
1950 *On Referring,* dans *Mind,* 59: 320-344. Repris dans G.H.R. Parkinson, éd., *The Theory of Meaning,* Oxford University Press, 1968 (trad. fr. partielle dans Rey, 1976: 114-139).

STUART MILL, John
1843 *Système de logique déductive et inductive,* Paris, Alcan, 1896.

TRAGER, George L.
1964 *Paralanguage: afirst approximation,* dans *Language in Culture and society,* éd. par Dell Hymes, New York, Harper and Row.

TODOROV, Tzvetan
1977 *Théories du symbole,* Paris, Le Seuil (= Poétique).

TROUBETZKOJ, Nicolas Sergueevitch
1939 *Principes de phonologie,* Paris, Klincksieck, 1949.

ULLMANN, Stephen
1951 *Principles of Semantics,* Glasgow (= Glasgow University Publications) (2e réimpr., Oxford, Blackwell, 1969). Version simplifiée et remaniée en français

sous le titre de *Précis de sémantique française,* Berne, Francke, 3e éd., 1965.

VALESIO, Paolo
1967 *Icone e schemi nella struttura della lingua,* dans *Lingua e Stile,* 2: 349-355.

VAN DIJK, Theun A.
1977 *Text and Context,* New York, Longman.

VERÓN, Eliseo
1970 *L'Analogique et le contigu,* dans *Communications,* 15: 52-69.
1973 *Pour une sémiologie des opérations translinguistiques,* dans *VS,* 4: 81-108.

VOLLI, Ugo
1972a *È possibile una semiotica dell'arte?,* dans *La scienza e l'arte,* éd. par U. Volli, Milano, Mazzotta.
1972b *Some possible developments of the concept of iconism,* dans *VS,* 3: 14-30.

VOLLI, Ugo, MAGLI, Patrizia, CALABRESE, Omar
1974 *Bibliographia Semiotica,* numéro spécial de *VS,* 8-9.

WEINREICH, Uriel
1965 *Explorations in semantics theory,* dans *Current trends in linguistics,* éd. par T.A. Sebeok, Den Haag, Mouton, vol. 3: 395-477.
1980 *On Semantics,* Philadelphia, University of Pennsylvania Press.

WHORF, Benjamin Lee
1956 *Language, thought and reality. Selected writings,* Cambridge, MIT Press (= Technology press books in the Social sciences). Voir *Linguistique et anthropologie,* Paris, Denoël, 1969.

WILSON, N.L.
1967 « Linguistic Butter and Philosophical Parsnips »,
The journal of Philosophy, 64.

WINSTON, Patrick H.
1977 *Artificial intelligence,* Massachusetts, Addison-
Wesley.

WITTGENSTEIN, Ludwig
1922 *Tractatus Logico-Philosophicus,* suivi de *Investigations philosophiques* (orig. de 1953), Paris, Gallimard,
1961 (= Bibliothèque des idées).

TABLE DES MATIÈRES

Dans Le Livre de Poche

Extraits du catalogue

Classiques de la philosophie

Dans Le Livre de Poche

Extraits du catalogue

Biblio/essais

Composition réalisée par COMPOFAC - PARIS

IMPRIMÉ EN FRANCE PAR BRODARD ET TAUPIN
Usine de La Flèche (Sarthe).
LIBRAIRIE GÉNÉRALE FRANÇAISE - 6, rue Pierre-Sarrazin - 75006 Paris.
ISBN : 2 - 253 - 06094 - 1   ◆ 42/4159/2